El Acantilado, 363
LA PENÚLTIMA BONDAD

JOSEP MARIA ESQUIROL

LA PENÚLTIMA BONDAD

ENSAYO SOBRE LA VIDA HUMANA

BARCELONA 2018 ACANTILADO

Publicado por
ACANTILADO
Quaderns Crema, S. A.

Muntaner, 462 - 08006 Barcelona
Tel. 934 144 906 - Fax. 934 636 956
correo@acantilado.es
www.acantilado.es

© 2018 by Josep Maria Esquirol Calaf
© de esta edición, 2018 by Quaderns Crema, S. A.

Derechos exclusivos de edición:
Quaderns Crema, S. A.

En la cubierta, *San José, carpintero* (*c.* 1642), de Georges de La Tour

ISBN: 978-84-16748-84-6
DEPÓSITO LEGAL: B. 2219-2018

AIGUADEVIDRE *Gráfica*
QUADERNS CREMA *Composición*
ROMANYÀ-VALLS *Impresión y encuadernación*

TERCERA REIMPRESIÓN *abril de 2023*
PRIMERA EDICIÓN *febrero de 2018*

Bajo las sanciones establecidas por las leyes,
quedan rigurosamente prohibidas, sin la autorización
por escrito de los titulares del copyright, la reproducción total
o parcial de esta obra por cualquier medio o procedimiento mecánico o
electrónico, actual o futuro—incluyendo las fotocopias y la difusión
a través de Internet—, y la distribución de ejemplares de esta
edición mediante alquiler o préstamo públicos.

CONTENIDO

I. Aquí, en las afueras del paraíso imposible 7
II. El repliegue del sentir: de la piel al corazón 26
III. El deseo que se genera 50
IV. El paraíso imposible 69
V. La felicidad de las afueras se llama
generosidad o *bondad* 90
VI. Los dos árboles míticos del Edén están aquí 105
VII. Las vacas, Nietzsche y Francisco de Asís 130
VIII. El desplazamiento político de medio palmo
hacia la comunidad que vive 148
IX. El penúltimo pensamiento y el ser capaz
de vida 166

I
AQUÍ, EN LAS AFUERAS
DEL PARAÍSO IMPOSIBLE

No nos han expulsado de ningún paraíso. Siempre hemos estado fuera. En verdad, y por suerte, aquí *el paraíso es imposible*. Nuestra condición es la de *las afueras*. Unas afueras muy singulares, pues no están definidas a partir de ningún centro. Aquí, en las afueras, la génesis y la degeneración, la vida y la muerte, lo humano y lo inhumano —ya que sólo el humano puede ser inhumano—, la proximidad y la indiferencia.
 Aquí, en las afueras, vivir es sentirse viviendo.
 Aquí, en las afueras, no hay ni plenitud ni perfección. Pero sí afección infinita —misterio— y deseo.
 Aquí, en las afueras, el mal es muy profundo, pero la bondad todavía lo es más.
 Aquí, en las afueras, lo que más importa no son los inicios inmemoriales, sino el suelo, la base.
 Aquí, en las afueras, nada tiene más sentido que el amparo y la generosidad.
 Aquí, en las afueras, cuesta muchísimo moverse medio palmo en la buena dirección. Es el medio palmo hacia la comunidad fraterna que vive.
 Aquí, en las afueras, no sólo vivimos, sino que somos *capaces de vida*.
 La *condición humana* es la de las afueras del paraíso imposible.
 En el paraíso imposible había todo tipo de animales, salvo vacas.

NO EL PARAÍSO, SINO LA GÉNESIS

El paraíso terrenal es la imagen plástica que corresponde al concepto de plenitud y de perfección. Pero querer entender lo humano en términos de plenitud lleva a un callejón sin salida. La *situación* humana, la *condición* humana, no se define a partir de ninguna pérdida ni de ningún alejamiento de la plenitud paradisíaca, áurea o natural.

Sin embargo, en las afueras, en *nuestras* afueras, no es cierto que «hay lo que hay y eso es todo». Tal sentencia lapidaria no describe en absoluto nuestra comarca, puesto que lo más humano se expresa decisivamente con la generación y, muy en especial, con la gratuidad de la generación llamada *generosidad* o *bondad*. Una generosidad, la de las afueras, que nunca va de arriba abajo—porque nadie está por encima de nadie—, sino, siempre, de lado a lado. Que existir sea en parte resistir, se entiende *con miras* a la generación; resistimos porque la vulnerabilidad amparada es capaz de madurar, de crear y de dar. La resistencia íntima es, al mismo tiempo, amparo y esperanza en la generación. Con ramitas de acebo los antiguos horticultores protegían el plantel recién trasplantado para que pudiera resistir las inclemencias del tiempo. También nosotros nos resguardamos, para resistir. Y el horizonte de la resistencia son la creación y la generosidad. Aunque, en realidad, amparar a los demás ya sea el primerísimo ejercicio de la generosidad.

Y precisamente porque la generación nos es lo más propio, lo peor y más inquietante está en las mil formas de *degeneración*. La *violencia* es la principal, y su extensión es vastísima: comprende desde los homicidios más pavorosos y las vejaciones más brutales hasta las incontables modalidades, manifiestas o encubiertas, de la injusticia y de la indiferencia.

Más que averiguar los inicios paradisíacos, pensar la condición humana exige dirigirse a la *base*, volverse hacia lo más fundamental. Porque la *génesis* no necesariamente se halla en el inicio de una serie: se da tanto al principio como al final; en cualquier lugar y en cualquier tiempo. La génesis se da sobre todo allí donde la vida personal late y circula con intensidad; allí donde la vida se siente; allí donde la vida se ilumina. La génesis se da aquí. Pero, paradójicamente, no es nada fácil acercarse a este aquí. Hacerlo constituye un programa entero de esfuerzo filosófico; un *método* filosófico, podríamos decir, literalmente, camino de la *ingenuidad*. Porque el significado elemental de la palabra *ingenuidad* es justo éste: *in-genuidad*, 'cerca de la génesis', 'hacia el foco de la génesis'. Por eso se dice de los niños que son «ingenuos», porque todavía están cerca de la génesis como nacimiento. Entiéndase bien: no se trata de reivindicar una presumible mirada infantil, virgen, aún no adulterada, sino del afán por observar bien la base, el suelo, el fundamento. La ingenuidad reivindicada no coincide ni con la banalidad, ni con la pureza angelical. Mirada filosófica, mirada atenta y mirada ingenua devienen sinónimos.

Para acercarse a la génesis uno puede prestar atención a lo que vivimos y vemos—que vemos porque vivimos—, y también puede valerse de los grandes símbolos—que son «grandes» porque se han fraguado junto a la base—. Símbolos destacadísimos son, por ejemplo, los que aparecen en las tragedias de Sófocles o en los primeros capítulos del Génesis bíblico. Comentarlos es un ejercicio de ingenuidad. Como decía Paul Ricœur, el símbolo da qué pensar; da algo y ese algo que da es algo que pensar y que, al mismo tiempo, se convierte en vitamina del pensar. Hay continuidad entre el símbolo y la descripción del paisaje humano; continuidad entre la interpretación del símbolo y la observación de la vida. La literatura y la poesía son las mayores beneficiarias de tal continuidad. En este libro, la referencia a lo simbólico va a ser para tratar, principalmente, del paraíso imposible, en cuyo marco puede resultar muy sugerente referirse a la mirada perdida de Adán y al tedioso ademán de Eva, que, después de hacer el amor y de comer la fruta de un granate intensísimo, sentían el desasosiego de prever que el mañana sería igual que el ayer.

No sólo jamás ha existido ningún paraíso terrenal, ni va a existir, sino que el imaginario que trabaja en esta dirección acaba siempre por estrellarse y por dar pie a lo contrario de lo que aspiraba. Queriendo describir la plenitud, se produce lo inhóspito. Ni la perfección ni la plenitud son de este mundo. Por eso no hay ni edades de oro iniciales ni utopías que se realicen al final de la historia; ni paraísos perdidos ni avenidas de ciudades felices. En el mejor de los casos, tales referencias no son más que recursos y mediaciones teóricas. La atención debería centrarse en las afueras, en nuestras afueras y en la afección infinita que, en nosotros, las penetra, así como en dedicar toda la energía para el desplazamiento de apenas medio palmo hacia la comunidad fraterna que vive.

LA LUZ DE LAS AFUERAS

El mundo no es una caverna, aunque haya cavernas oscuras en el mundo. La mejor luz del mundo—la mejor luz de las afueras—es claridad y penumbra. Nos llevamos bien con ambas, y a ambas celebramos.

Ni el mundo es una caverna, ni nosotros sus prisioneros. De ahí la conveniente precaución ante los esquemas ascensionales que describen las afueras como si fueran un receptáculo cerrado del que urgiría encontrar alguna vía de escape. En *El despoblador*, de Samuel Beckett, tenemos un ejemplo contemporáneo de este esquema: se cuenta que los humanos viven dentro de una especie de cilindro y fracasan en los reiterados intentos de fuga. El gnosticismo, con sus múltiples variantes, ha sido el gran difusor de semejante idea. Alerta, pues, con el isomorfismo, sin matices, de la luz, del conocimiento y de la ascensión.

Demasiada luz deslumbra, no nos conviene. Claridad, sí; foco de blanca luz, no. La luz excesiva se lo traga todo, al igual que la oscuridad. Hay muy poca diferencia entre el blanco y el negro. Sendos dominios son insufribles: huimos de la compacta negrura tanto como de la intensidad del rayo. Nuestra capacidad de ver y de vivir reclama una claridad similar a la de media tarde o una penumbra como la del atardecer. Saludamos la claridad *intermedia* así como la tibia luz que acaricia la superficie del mundo. Con el esquema ascensional suele imaginarse el cielo como un caudaloso manantial de luz blanca. Pero, si hay un cielo nuevo, deberá tener una luz parecida a la de nuestros días. Naturalmente, no sólo luz para los ojos: hay una claridad de los sonidos, y muy especialmente de las palabras. De ahí que haya palabras *claras*, incluso *luminosas*; palabras que ilustran, que orientan y, admirablemente, palabras que enseñan; palabras que, en cuanto perfectamente *genuinas*, distan lo mismo del estruendo que del apagado rumor de fondo.

Cuando la luz intermedia se convierte en calor, aparecen entonces las palabras *cálidas*, *sentidas*, reveladoras de que la esencia del lenguaje es el amparo. Puede que, por lo general, en el empeño por comprendernos hayamos cedido demasiado protagonismo a la visión. En las afueras, debemos conseguir que la mirada, e incluso el oído, se dejen llevar por el tacto, cuyas modalidades se bastan con la penumbra.

El mundo no es una caverna. Hay cavernas en el mundo: aislamiento, lobreguez, miseria…; en todas ellas se añora la luz y la calidez. La claridad de las afueras lleva, por contraste, al desconsuelo provocado por las tinieblas, que también a menudo se ciernen sobre las afueras. La amabilidad y la gracia pertenecen a la luz intermedia; sólo con su favor hay cosas que pueden verse, o que pueden verse mejor, del mismo modo que hay cosas que deben susurrarse al oído—y nada tienen que envidiar a los discursos pronunciados con potentes altavoces—. En las afueras, pues, vivimos de claridad, de penumbra y de susurros; de susurros de palabras cálidas que vibran cordialmente. Si alguna vez alguien ha logrado mover una montaña, no habrá sido a fuerza de gritos, sino con el más desnudo y sentido de los verbos.

LA AFECCIÓN EN LAS AFUERAS

«Las últimas cosas»: un campanario, un cementerio. Últimas cosas que pueden ser—que son—eventualmente sustituidas por elementos más neutros y asépticos. En las afueras, hay un lugar similar a muchos otros. Desde el campanario del pueblo, un callejón de agradable paso enlaza con el camino que serpentea hasta la colina, donde reposa el cementerio. Siempre como trasfondo, una serranía de montañas medianas define el poniente que va sumando los días y las noches. Arriba, el cielo abierto preside todos los inicios, amaneceres y nacimientos, así como todos los finales, atardeceres y entierros. Las breves vidas de los mortales son como senderos de silencios y de cantos, de blasfemias y de plegarias, de decepciones y de esperanzas.

Hay mucha presión para reducirlo todo a simples hechos, y a datos. Pero la vida se resiste a tal reducción. En el fondo, cada persona es un acontecimiento inefable. Es un hecho que hoy ha llovido. Podría parecer que el nacimiento de alguien es también un hecho. Sin embargo, que nazca un niño, que sea acogido y que le llamen por su nombre, es un acontecimiento para todos los que allí son o se hacen próximos. Pero que nazca un niño y nadie le ponga nombre, ni se dirija a él, ni le quiera, es también un acontecimiento, en este caso trágico. Un acontecimiento es un hecho *desbordante de significación*, o un hecho cuya significación pide respuesta; respuesta que, eventualmente, puede estar ausente. «Desbordante de significación» indica la irreductibilidad a la mera constatación o a la explicación causal. Es evidente que cabe explicación causal: este niño ha nacido porque su madre estaba embarazada; esta persona ha muerto porque ha tenido un accidente... Sin embargo, la pertinente explicación causal no agota la significación. Celebraciones, blasfemias, plegarias y lamentos, tienen que ver con esta sabiduría inmemorial que no reduce la significación. Celebraciones, blasfemias, plegarias y lamentos son la expresión espontánea, pero honda, de que el mundo humano rebasa los simples hechos.

Por la misma razón de que no todo es reducible a hechos, tampoco todo se puede reducir a problemas. Es decir: existe lo problemático que, sin embargo, no es un problema. Pero entonces ¿cómo llamarlo? A pesar del lastre que acumula—por los montones de sandeces contadas bajo su título—hay que rescatar la palabra *misterio*. En tal empeño puede animarnos que autores tan diferentes como Gabriel Marcel o Walter Benjamin también hayan optado por usarla. El problema es susceptible de resolución; el misterio no. El problema es objetivo, es decir, lo tenemos delante; el misterio nos atrapa y nos implica: estamos en él. El problema exige ingenio para su resolución (desde cómo hacer fuego a cómo instalarnos en Marte); el misterio reclama atención y respeto. El tiempo, la vida humana o la presencia del otro, tienen que ver con el misterio. Pista y a la vez consecuencia del misterio es la ruptura ontológica: no todo es lo mismo. Y de aquí surge la más radical denuncia de la *indiferencia*. Los sentimientos más fuertes de nuestra vida son los relativos al misterio. Cuando se anula o se ignora, mengua la vida. De ahí que la «transparencia» sea la enfermedad de nuestro tiempo. En este sentido decía Benjamin que «las cosas de vidrio no tienen aura» o que «el vidrio es enemigo del misterio».[1] Obviamente, aquí «vidrio» significa plena transparencia y exposición. El erotismo es afín al misterio. La pornografía, a la total transparencia. La humilde casa de campo, con ventanas de vidrio, o la pequeña galería urbana a cielo abierto, tienen «aura». Los edificios hechos íntegramente de cristal, no. Por ello, reducirlo todo a problema o a hecho presupone la transparencia potencial, e implica una agresión encubierta a la vida. También podemos compartir con Benjamin la distinción entre misterio y enigma, a la vez que asumir la lección de no abusar de las imágenes y de las representaciones metafóricas (a pesar de contar con ellas y valorarlas muchísimo):

La alegoría conoce muchos enigmas, pero ningún misterio. El enigma es un fragmento que forma conjunto con otro, en el que encaja. Del misterio se habló desde siempre con la imagen del velo, que es un viejo cómplice de la lejanía.[2]

---

[1] Walter Benjamin, «Experiencia y pobreza», en: *Discursos interrumpidos I*, trad. Jesús Aguirre, Madrid, Taurus, 1973, pp. 167-173.
[2] Walter Benjamin, *Libro de los pasajes* (J 77 a, 8), trad. Luis Fernández, Madrid, Akal, 2005, p. 371.

El misterio en cuanto lo que nos envuelve, se vela y notamos como una lejanía muy peculiar: lejanía tan cercana que nos afecta hasta el tuétano; lejanía cercana, o presencia de una ausencia.

Sin embargo, desde hace algún tiempo, los intelectuales y la academia, de espaldas al misterio, se jactan de dar el tema por zanjado. Y el contexto social parece conformarse con ello, como si habiéndonos emancipado del antiguo lastre, pudiésemos por fin presumir de la pulcra, potente y rigurosa reducción a explicaciones de hechos. A veces, lecturas prematuras y superficiales de Nietzsche hacen de primer pasamano. Pero ¿cómo se podrían entender las palabras de este gigante al margen de su duro combate? Heidegger observa, muy oportunamente, que el loco que en el texto nietzscheano anuncia la «muerte de Dios» es el mismo que por las calles va gritando: «¡Busco a Dios!». Este loco nada tiene que ver con los indiferentes acomodados, que ya no buscan. A veces, sin embargo, el malestar está contenido y palpita subterráneamente. La procesión va por dentro. No me refiero sólo ni estrictamente al «tema» de Dios, donde Dios ya es término de discusión teorética y, por tanto, abstracta, sino a la experiencia de la vida. No hay que disimular las fisuras de la experiencia de la vida, ni hacer como si no estuvieran: no pueden ni taparse ni ocultarse, porque vuelven a salir.

Las fisuras revelan que el misterio constituye la vida; que no hay un Todo homogéneo que, virtuoso, despliegue diferenciaciones de segundo orden. La vida es el ayuntamiento—la relación—entre lo finito y lo infinito, entre lo que abarcamos y lo que nos supera, entre lo visible y lo invisible, entre lo mismo y lo otro. La vida—la vida que se vive—no se puede describir sólo con las categorías aplicadas a todo lo que es, que conocemos y que podemos constatar, sino que exige la referencia a lo *infinito* u *otro*.³ Asumo las categorías filosóficas de *infinito* y de *alteridad*—que cabe hacer equivalentes o incluso articular: *infinito-alteridad*—para traducir «misterio», de carácter más coloquial y tradicional. La alteridad a que remite la vida no está delante, no es tema, no podemos representárnosla, pero nos afecta y nos conmueve. Es, por ejemplo, y eminentemente, la alteridad del tú, la alteridad del otro, la alteridad del otro que tengo al lado y que, cual bisturí, me abre al gozo o al sufrimiento.

SENCILLEZ Y PROFUNDIDAD

Quien no perciba lo más sencillo, tampoco sentirá lo más hondo. Paralelamente, una cultura alejada de la sencillez es también una cultura alejada de la profundidad. Esto es lo que, de manera creciente, le ocurre a la nuestra. ¿Estará la civilización del progreso y del éxito científico desorientada como cultura de la vida? ¿Serán el consumismo exaspe-

---

³ Estas categorías corresponden, en parte, a la de *heredotes* (heterogéneo, diferente) acuñada ya por Platón en el *Sofista* (258b). Allí el gran filósofo elabora una teoría para tratar el no-ser como lo otro (diferente) que el ser. Evidentemente, Platón lo presenta en un registro lógico y epistemológico, mientras que ahora, aquí, nos interesa la utilización del término *alteridad* en sentido existencial. La estrategia que hay que seguir para que tales categorías no resulten tan extrañas consiste en relacionarlas con la experiencia de la pasividad y del desbordamiento, es decir, con lo que nos afecta íntimamente y que sin embargo no podemos asimilar. Se trata de la misma estrategia que propone Ricœur: «el garante *fenomenológico* de la metacategoría de alteridad es la variedad de las experiencias de pasividad, entremezcladas de múltiples formas en el obrar humano», Paul Ricœur, *Sí mismo como otro*, trad. Agustín Neira, Madrid, Siglo XXI, 1996, p. 352.

rado, el malestar contenido y la violencia, por lo menos en parte, síntomas de tamaña desorientación? Hay un avance de lo abstracto que vacía y enajena la vida. Quizá se acerque el día en que, debido a tal enajenación, el malestar será ya insoportable y se necesitarán toneladas de droga y de distracción para mantenernos constantemente aturdidos.

La cultura que todo lo reduce a hechos y a datos es una cultura miope y, por eso mismo, decadente. Porque conviene saber que la decadencia de una cultura no se debe tanto a la poca destreza para enfrentarse a la dificultad y los asuntos más abstrusos, como a su desconexión de lo sencillo. Cúmulos de complejidades artificiosas, pero alejamiento de lo simple y de lo profundo. Encontramos sencillez poética en el trabajo bien hecho, en el gesto antiguo de cada uno de los oficios. Encontramos sencillez poética en el uso de las palabras en el habla coloquial. Encontramos sencillez poética en la comprensión normal y sensata de las cosas, y en las definiciones de siempre. A los actuales alumnos universitarios les sorprende, por ejemplo, lo que se encuentran cuando se les invita a buscar en el diccionario el adjetivo *verde*.[4] La primera acepción dice así: 'De color semejante al de la hierba fresca'. Y no es ninguna metáfora. Casi nadie se la esperaba, cuando, sin embargo, es la definición más sencilla, la más evidente y la más esencial. Del color de la hierba fresca: la simplicidad de una de tantas definiciones de diccionario se convierte inesperadamente en dulzura para los oídos y en música para el alma. Tal vez alguien, ya extraviado, crea que se trata de una definición poco científica; sin darse cuenta, engrosa las filas del desconcierto actual. Cualquier definición «científica» será secundaria respecto a la primera aproximación expe-

---

[4] *Diccionario de la lengua española*, Madrid, RAE, 1992.

riencial al mundo de la vida, consistente en señalar lo que se ve o en expresar lo que se vive. A menudo da la impresión de que algunos autores de libros de bachillerato o de manuales universitarios relacionados con las nuevas disciplinas presuntamente científicas (ciencias empresariales y económicas, ciencias sociales y políticas, ciencias de la educación y del aprendizaje, ciencias de la comunicación…) no es ya que hayan perdido la inspiración, sino la cabeza, porque el conocimiento mal digerido les ha ofuscado el acceso primordial al sentido de las cosas. No dejan de proponer definiciones con aire de cientificidad en lugar de mantener la comprensión elemental. Han desconectado de la base y pululan dentro del nimbo de la confusión, cuyas dimensiones contribuyen a agrandar incorporando a los jóvenes recién llegados. Desolador.

La desconexión de lo sencillo es desconexión de la génesis.

Se conoce el verde cuando se ve la hierba fresca crecer en los límites de la huerta, entre los surcos, o brotar en los angostos espacios de los márgenes de piedra seca. O la que nace todavía en las aceras de la ciudad, o entre los adoquines de las antiguas calles. Van Gogh decía que quería acercarse a la naturaleza pero, igualmente, junto con este acercamiento, ir más allá. Esto es lo que pasa: quien sea capaz de ver el color de la hierba estará ya en el umbral del calado que esconde.

Nos conviene muchísimo una renovada fidelidad a lo elemental y a lo concreto. Es el principal cometido de una filosofía de la proximidad. Pertenecemos a una época en la que resulta relevante atender a los regueros insinuados en la pared por el agua de la lluvia; pertenecemos a una época en la que bastaría con notar la espera inexpresable que emerge sintiendo el olor del suelo mojado por el rocío; pertenecemos a una época en la que sólo prestando atención ya se alcanzaría lo más importante. Así, por ejemplo, únicamente la atención a lo sencillo permite entender lo simbólico; solo la atención prestada a la experiencia de la vida da acceso al sentido que quiere condensar el símbolo. Con atención, pronto se entiende por qué el cielo azul es una imagen-símbolo elemental que puede significar serenidad, calma, paz, inmensidad y ligereza; pronto se entiende por qué el cielo no tiene historia—en su seno el tiempo se duerme—, y por qué es como un presente «eterno» que, sin embargo, a pesar de su claridad, no es transparente; y pronto se entiende por qué, precisamente por no ser transparente, no se ofrece al raciocinio explicativo sino a la imaginación.

¿Y si existiera una conexión entre la incapacidad para darse cuenta de la sencillez y el déficit de generosidad? Entonces, sólo renovando la mirada sabríamos volver a recibir y a dar. En la renovada fidelidad a lo elemental, en la humildad de la tierra, se aprende a escuchar y a ser oyente atento. Y se aprende también a tener paciencia, como la de aquellos dioses que, según cuentan los vedas con sentido del humor, hacían cola esperando que llegase su turno para gobernar el mundo. Dioses con suficiente paciencia para pedir tanda y hacer cola: lección ejemplar para tenerla también nosotros, no con el fin de gobernar el mundo, sino con el de escuchar y admitir. Paciencia para incubar una filosofía y un pensamiento de la *admisión*.

Saber recibir es una virtud. De hecho, es la primera virtud del dar: la primera virtud del dar es recibir, del mismo modo que la capacidad de hablar empieza por escuchar. Todo viene de *emitir* (*mittere*), que significa 'enviar'. *Admitir* y *per-mitir* son variaciones del dejar llegar. *Ad-mitir* es 'dejar venir, dejar entrar lo que viene, no cerrarse al advenimiento'. Admitir viene a ser una generosidad humilde que lleva a más generosidad. La admisión genera. En el admitir y en el permitir hay coincidencia entre Heidegger y Lévinas: el primero cuando pide estar abierto al eco del ser, y el segundo, a la solicitud que viene del otro. Pese sus fuertes oposiciones, crean filosofías de la admisión. En ambos autores se vislumbra un distanciamiento de ese humanismo que pone al ser humano en el centro de un desarrollo y de una conquista; ambos autores se dirigen hacia un «aquí» o hacia un sujeto capaces de admisión.

LAS AFUERAS DE LAS AFUERAS

A veces, la intensidad de la vida es aún superior en los márgenes, en los márgenes de las afueras, o en las afueras de las afueras. Mientras que en el paraíso imposible no había vacas, aquí sí que, sobre todo antes, las había.

En las afueras de una ciudad, un vaquero humilde tenía dos vacas. Pocos meses atrás, por unas circunstancias extraordinarias, había perdido a su hija. La niña y un amiguito del mismo barrio, que era ciego, habían huido de casa para juntarse con una tropa de jóvenes que, insólitamente, querían llegar desde las costas de Francia a Jerusalén, para liberar la ciudad santa de los infieles. Corría el año 1212 de nuestra era. Una tristeza inmensa pesaba sobre el alma del vaquero, pero, viudo, no tenía nadie a quien contar su pena. Cada día repartía la leche por las casas, pero la gente se prestaba muy poco a la conversación. De la leche sobrante elaboraba requesón, que también vendía. Las semanas y los meses posteriores a la marcha de su hija, mientras ordeñaba las vacas, también les hablaba. Aunque ellas mantenían su fisonomía impertérrita, él les confesaba su dolor y lo mucho que añoraba a su hija.

Se llamaba Allys. Fue una de tantas chiquillas que se enrolaron en la *cruzada de los niños*. La leyenda cuenta que después de muchos días de camino, de muertes por falta de alimento, y de deserciones, se embarcaron en siete barcos. Dos naufragaron, y los chicos que iban en los otros—Allys estaba entre ellos—fueron capturados y vendidos como esclavos tras desembarcar en Alejandría.

En 1896, el escritor Marcel Schwob hizo una breve pero inspiradísima recreación literaria de esta tragedia, con pasajes muy impresionantes, y es él quien nos habla de la pequeña Allys, de por qué se sumó a la cruzada y qué hacía:

Hay un niño que se llama Eustace, y que nació con los ojos cerrados. Mantiene los brazos tendidos y sonríe. Nosotros no vemos más de lo que ve él. Una niña lo acompaña y le lleva la cruz. Se llama Allys. Nunca habla y nunca llora; mantiene los ojos fijos en los pies de Eustace, para sostenerlo cuando tropieza.[5]

Ya en el momento que la tragedia toca a su fin, la pequeña Allys se dice a sí misma:

Ya no puedo caminar bien, porque estamos en una tierra ardiente, a la que nos han traído dos hombres malos de Marsella. Y antes de llegar, el mar nos zarandeó, en un día negro, bajo los fuegos del cielo. Pero mi pequeño Eustace no tuvo pánico, porque no veía nada y yo le cogía de las manos. Lo quiero mucho y he venido hasta aquí por él. Porque no sé adónde vamos.[6]

---

[5] Marcel Schwob, *La cruzada de los niños*, trad. Pablo Martín Sánchez, Málaga, EDA, 2012, pp. 38-39.
[6] *Ibid.*, p. 51.

LA PENÚLTIMA BONDAD

De la mano hasta el final.

La hendidura de la bondad ya se ha mostrado en la pequeña Allys. El suyo es el gesto humano más humano de todos los gestos: amparo y generosidad.

Resulta inverosímil que en un mundo a veces tan hostil, la bondad se muestre con esta viveza. Finalmente, la bondad sostiene el mundo, como la pequeña Allys sostiene el caminar inseguro de Eustace.

Eustace entrará en el cielo en el mismo momento en que sus ojos contemplen a Allys. Allys estará en el cielo en el momento en que los ojos de Eustace la miren rebosantes de amor y de gratitud, igual que si se tratara de una aparición angelical.

En las afueras, génesis, vida y bondad laten al unísono. No hay nada más vivo que la bondad, ni nada más esencial que la generosidad que vive. Nada más vivo, nada que tenga más fuerza. Por eso sostiene el mundo humano. Sin la bondad, la oscuridad inundaría un mundo que pronto se precipitaría en el caos abismal.

El sacrificio de Allys es un acontecimiento mayúsculo. La filosofía sólo puede ser *a posteriori* si de verdad se presta atención a los acontecimientos. ¿Alguien cree que el primer conato de la palabra debe ser el de explicar causalmente? Nunca se había pretendido tanto como hasta ahora, y el sentido de la vida se escurre y se evapora. ¿Qué explicación tiene el gesto y el sacrificio de Allys? ¿Se puede explicar la bondad de la misma manera que se explica por qué el agua se hiela, o por qué la tierra gira tan deprisa? Allys cuida a Eustace porque es buena y porque lo quiere. Y es buena porque es buena, y lo quiere porque lo quiere.

APENAS A MEDIO PALMO

Si nos desplazáramos medio palmo, continuaríamos todavía en las afueras —más allá de las afueras hay afueras—, pero todo sería diferente. Sin embargo, estos nueve o diez centímetros exigen un esfuerzo tan grande, o una disposición tan especial, que pocas veces se recorren. Algunas veces sí. El desplazamiento es, al mismo tiempo, personal, político y religioso, y se alude a él con palabras como *ascesis*, *revolución* y *conversión*, respectivamente. A la distancia de medio palmo. Bien, en verdad, la distancia decisiva es de un palmo. Pero sin duda nosotros solos no podemos recorrerla entera. Nuestro horizonte personal y político lo tenemos a medio palmo.

Hay continuidad entre nuestra situación y la de medio palmo más allá. Es importante situar bien este «más allá». Si imaginamos un camino, el medio palmo no es hacia adelante. Si imaginamos el perímetro de una circunferencia, el medio palmo no es ni hacia el exterior ni hacia el centro. Es medio palmo hacia dentro, hacia el fondo, hacia el trasfondo, en profundidad. Desplazamiento que, al hacerse, no se convierte nunca en una posesión definitiva. Pronto vuelve a quedar pendiente, y hay que repetirlo. Sin embargo, nunca es en vano, porque cada vez que se recorre, da frutos. El desplazamiento ha sido realizado por personas anónimas y sencillas; por sabios humildes y un puñado de filósofos; por revolucionarios e individuos comprometidos políticamente; por personas de auténtica vida espiritual y, sobre todo, por la buena gente. Todos ellos han contribuido a cambiar el mundo que, sin embargo, está todavía por cambiar. De ahí la fuerza que sigue teniendo la vida filosófica, y la política y la religiosa, no degeneradas.

Poco es mucho; poco es todo. Según como, *casi-nada*

puede ser *casi-todo*. Medio palmo, y ahora mismo podríamos habitar unas afueras sin violencia, justas y fraternales. Evitaríamos todo el daño que nos hacemos a nosotros mismos, y afrontaríamos más unidos el mal inevitable vinculado a nuestra condición finita y mortal. En el pasado, si todavía más personas lo hubieran recorrido, se habrían evitado montañas de sufrimiento y de víctimas de la violencia y de la injusticia. Pocos centímetros hubieran bastado para impedir la aparición de los peores genocidas de la historia; pocos centímetros hubieran bastado para prevenir el estallido de muchas guerras; pocos centímetros, y la miseria no habría azotado el mundo tal como lo ha hecho ni mucho menos lo azotaría ahora.

La revolución no puede ser sino la de la generosidad y la fraternidad. Dificilísimo, pero posible, real. Toda revolución empieza por comprender. Por comprendernos a nosotros mismos; por comprender nuestro mundo, nuestras afueras, nuestra condición. Por comprender, sobre todo, la solidaridad en la intemperie. Por comprender que lo que nos junta es la desnudez de las afueras—la intemperie—, el horizonte del medio palmo y, también, la alteridad que afecta radicalmente la vida. ¿Seremos nosotros los primeros en ignorarlo?; ¿precisamente nosotros, los más ilustrados, los más científicos, los más poderosos, en ignorar que nos funda un misterio, y que este misterio tiene que ver con la creación? Creación y alteridad, y no emanación que se da estrictamente en el reino de lo posible. La emanación es una botella enorme puesta boca abajo. Todo lo que sale ya estaba dentro. Domina lo idéntico. No hay hijos. El hijo, en cambio, concreta el acontecimiento de la creación, de la diferencia, de la generación, de la alteridad. Estamos en la creación y podemos corresponder siendo su servidores fieles; *secretarios* de la vida. Cada uno de nosotros se encuentra viviendo. Se encuentra, sin decidirlo. Pero he aquí que, desde esta situación, es posible generar, crear. Somos nuevos en la vida, y podemos corresponder siendo también nosotros mismos generadores y creadores: de más amparo, de más fraternidad, de más belleza. Esto ya es mucho más que estar vivo: *es ser capaz de vida*.

Y con esto queda esbozado el itinerario seguido por este libro; un itinerario que, con el hilo conductor de la generación y de la generosidad, comienza introduciendo el concepto de *repliegue del sentir*—como concepto filosófico de vida humana—y termina presentando su concepto gemelo: el de *ser capaz de vida*. Con ambos nos acercamos al misterio del *aquí*.

II
EL REPLIEGUE DEL SENTIR: DE LA PIEL AL CORAZÓN

> Un gran milagro se cumple en el mundo.
> Pese a todo, lo siento: toda vida es vivida.
>
> RAINER MARIA RILKE,
> *El libro de horas*

SENTIRSE VIVIENDO

Del mismo modo que el esfuerzo de toda una vida puede emplearse en pensar el sentido del ser (Heidegger), acercarse a este «gran milagro» mencionado por Rilke, de la vida sintiéndose, exige enorme paciencia y tenacidad. A veces, lo que parece fácil no lo es y de ahí que, cuando uno cree ya dominarlo, merezca la pena detenerse y volver sobre ello.

«Al principio fue el sentir», es decir, en la base está el sentir. Para nosotros, *vivir* es *sentirse viviendo*. He aquí la primera y más fundamental de todas las certezas. No sólo vivimos, sino que sentimos que vivimos. Esto, a lo que buena parte de la tradición filosófica moderna ha denominado «conciencia»—en el sentido elementalísimo del conocimiento espontáneo que nos acompaña o que *somos*—, también se podría llamar, con igual o mayor radicalidad, «repliegue del sentir». Una primera ventaja de proceder así —de remitir el hecho de ser consciente al sentirse—está en conectar con la forma habitual de caracterizar la vida: se afirma que todos los organismos vivos, dado que sienten, reaccionan a los estímulos. En realidad, los estímulos lo son porque hay capacidad de sentir. Ahora bien, obviamente, en el seno de la vida (en el reino vegetal y en las diversas especies animales), se dan diferentes modalidades e intensidades del sentir. La especificidad humana tendría que ver con una modalidad *excepcional*; con una especie de *redoble* o de *repliegue* del sentir, que hace que la afección pueda ser incluso de lo que no es finito—afección infinita—, y que la podamos decir.

Lo más grave enunciado en tres palabras: «siento que siento». Vivo y me siento vivir, como y siento que como, escucho una canción y me doy cuenta de que estoy escuchando la canción. Siento todo lo que hago y todo lo que me pasa. Una especie de reflexividad liminar e *involuntaria* acompaña mis actos—aquí «reflexividad» sólo indica un tipo de movimiento que vuelve sobre sí mismo—. Cuando siento frío, se diría que lo que se da es una relación directa: yo con el frío, o el frío conmigo. Pero no sólo; se da *también* una relación reflexiva de mí conmigo mismo: siento que siento frío. El *mí* ya es la reflexividad involuntaria. Sentirse vivir es justamente eso.

Aunque tratándose de la experiencia más radical de todas no necesite argumentos de autoridad, vale la pena citar un par o tres de textos filosóficos para mostrar que las descripciones de lo más básico suelen coincidir. Quien esté familiarizado con la historia de la filosofía probablemente, y sin dilación, espere referencias a la filosofía moderna del *cogito*. Pero la experiencia transciende los marcos epocales; fijémonos en estas líneas:

… el que ve, siente que ve; el que oye, siente que oye; el que camina, siente que camina, y así en todos los demás casos; hay en nosotros algo que siente que nosotros desplegamos nuestra fuerza; por eso podemos sentir que sentimos, e igualmente pensar que pensamos; ahora bien: por el hecho mismo de que sentimos o pensamos, existimos, ya que, como hemos dicho, vivir es sentir o pensar.

El texto, que podría sonar a cartesianismo, es de Aristóteles, de cuando en la *Ética nicomáquea* ya va recapitulando sobre la vida feliz. Se recuerda que la vida humana está esencialmente constituida por el sentir y por el pensar, y que sentirse viviendo es algo que, en situación normal—no dañada por el exceso de penas o de infortunios—, es en sí mismo agradable.[1]

Y, ahora sí, hay que mencionar a Descartes:

Mediante la palabra pensar entiendo todo aquello que acontece en nosotros de tal forma que nos apercibimos inmediatamente de ello…; así pues, no sólo entender, querer, imaginar, sino también sentir es considerado aquí lo mismo que pensar.[2]

En la filosofía contemporánea, la temática de la vida—no en la dimensión biológica, sino en la filosófica del sentirse sintiendo—ha ocupado un lugar preeminente en autores como Henri Bergson, Edmund Husserl, José Ortega y Gasset, Maurice Merleau-Ponty, Gabriel Marcel, Jean Wahl, Emmanuel Lévinas o Michel Henry. Así, por ejemplo, este último define la vida como autoafección:

---

[1] Aristóteles, *Ética nicomáquea*, IX, 9, en: *Obras*, trad. Francisco de P. Samaranch, Madrid, Aguilar, 1977, p. 1292. En varias traducciones de estos textos aristotélicos (en los que aparece un derivado del verbo *aisthetiké*), se evita el verbo *sentir* y se usa «tener conciencia», cuando lo más sencillo y cercano al lenguaje cotidiano son las expresiones relativas al «me siento» o «me encuentro».

[2] René Descartes, *Los principios de la filosofía* (I, 9), trad. Guillermo Quintás, Madrid, Alianza, 1995, p. 26.

...la vida se siente y se experimenta a sí misma, de tal manera que no hay nada en ella que ella no experimente o sienta; y esto porque el hecho mismo de sentirse a sí mismo es precisamente lo que define a la vida.[3]

Y Ortega, décadas antes, decía: «Todo vivir es vivirse, sentirse vivir, saberse existiendo».[4] Cada uno de estos pensadores se aproxima al concepto de vida y de sentir en función de su peculiar trayectoria filosófica y, a veces, los matices terminan siendo separaciones infranqueables. Sin embargo, comparten el interés por un concepto de vida que trascienda el de la biología—aunque, obviamente, pueda estar relacionado con éste—; un concepto de vida con el cual más que aludir al hecho de *estar vivo*, o de *tener vida*, se indique la situación de *vivir algo*, de *sentir la vida*, de *vivir la vida*, de ser *vivencia de la vida*.

Sólo con estas indicaciones, ya se ve la oportunidad de usar la palabra *sentir*, pero, desde luego, austeramente, sin «sensiblería» alguna. *Sentir* es la sustantivación del verbo, del que nunca hay que perder la fuerza. Es una palabra modelada muy cerca de la base. Y es una palabra que mantiene un espectro semántico bastante amplio, al igual que ya tenía el *sentire* latino, que podía indicar tanto la percepción sensible, como el darse cuenta, como el pensar. También hoy se puede emplear *sentir* para expresar las distintas modalidades de los *sentidos*;[5] para expresar la *percepción de*

---

[3] Michel Henry, *La barbarie*, trad. Tomás Domingo Moratalla, Madrid, Caparrós, 1996, p. 20.
[4] José Ortega y Gasset, *¿Qué es filosofía?*, Madrid, Revista de Occidente, 1958, p. 228.
[5] No hay que dar importancia al hecho de que los usos lingüísticos actuales no permitan cambiar «ver una película» por «sentirla». Sin embargo, hay que subrayar que las cosas que veo, también las siento. Ver el

uno mismo (estados de ánimo y emociones); para expresar *conocimiento* (en expresiones tales como «sentía que le estaban engañando», equivalente a «sabía que le estaban engañando»); y, finalmente, para expresar tener experiencia de algo («sentía el paso del tiempo» es lo mismo que «experimentaba el paso del tiempo»).

En suma, el origen etimológico y el uso actual de la palabra facilitan convertir el sentir en concepto. A pesar de que casi nada se gesta sin algún tipo de forcejeo y de dificultad, lo importante es que el proceso sea adecuado. El parto es natural porque lo concebido no es ajeno a los usos habituales, aunque, evidentemente, los trasciende. María Zambrano, inspirada por Ortega, habla del *sentir originario*. Yo, ahora, quisiera poder sostener y justificar que el *repliegue del sentir* es la esencia de la vida humana.

Para proceder sin malentendidos ni estorbos hay que insistir en que no se anticipen explicaciones, es decir, reducciones de esta experiencia fundamental—sentirse viviendo—a algo que estaría por debajo; que no se anticipen teorías biológicas, ni psicológicas, ni neurológicas, ni de ningún otro tipo. Las explicaciones siempre serán parciales, y nunca podrán alcanzar y comprender el fondo del sentir, precisamente porque este fondo es la fuente de cualquier otra explicación. Es incuestionable que toda teoría emerge del seno de la vida; es porque me siento vivo que puedo llegar a cursar estudios de biología o de matemáticas. Veremos cómo, en el mejor de los casos, el sí mismo que se siente vivir no se explica, sino que se acompaña y se culti-

---

mundo es sentirlo. Sentimos el mundo que se nos da, que se nos muestra. Siento el paisaje que me rodea, y más aún, siento la presencia de la persona que veo a mi lado. ¡También mirar es un gusto! ¿Acaso no «comemos con los ojos»?

va—es el cuidado de sí—. Sin embargo, aunque la experiencia radical del sentir no deba ser reducida, sí que merece mucho la pena prestarle toda la atención. Al hacerlo se descubren tres aspectos muy determinantes: claridad, pasividad e infinitud.

CLARIDAD

Sentir que sentimos, darse cuenta, ser consciente..., se suele describir como tener y estar en una especie de «claridad». Pero ¿qué se podría decir de esta claridad? Ortega, al tratar el tema, usa la palabra *transparencia*. Identifica «encontrarse», «enterarse» y «ser transparente», y escribe: «[vivir] consiste en un saberse y comprenderse, en un advertirse y advertir lo que nos rodea, en un ser transparente a sí mismo».[6] Pese a seguir la intención de lo que quiere decirse, cabe dudar de que sea la manera más atinada de hacerlo, al igual que también cabe dudar de si es pertinente apelar—como hacen algunos filósofos—a la autoconciencia absoluta. Ni nos poseemos del todo, ni somos transparentes respecto a nosotros mismos—¡afortunadamente!—. Y de ahí que sea mejor usar la palabra *claridad*, cuyo significado no está reñido ni con la limitación, ni con considerar lo que no se ve o que se oculta. La claridad corresponde a la ya mencionada luz intermedia, tenue y tibia, que dista tanto de la densa oscuridad, como del haz de blanca y deslumbrante luz.

Es una claridad básica que parece proceder de un movimiento reflexivo, en el sentido literal de vuelto sobre sí mismo: sentir del sentir. Pero de un movimiento muy especial

---

[6] *Ibid.*, p. 230.

y raro, puesto que involuntario, es decir, de un movimiento en el que ya nos encontramos de antemano. La mayor parte de actos reflexivos son voluntarios y por eso podemos determinarnos a «reflexionar sobre...» con el propósito de volver sobre algo. Ahora bien, la claridad del sentirse viviendo se relaciona con una reflexividad que es previa a toda intencionalidad entendida como voluntad o poder. No es que *yo reflexione*, sino que *me encuentro en* esta reflexión. Esto es: siento que siento. No conocimiento o representación, sino presencia patética de mí para mí mismo. De eso hablamos: de un repliegue que no es acto voluntario, sino un movimiento en el que nos encontramos; un movimiento que somos. Siempre estoy en situación y lo siento así: siento que voy en tren, que tomo un café, o que me levanto de la cama...

Alguien podría objetar que, a veces, cuando estás concentrado leyendo, no te das cuenta de que estás leyendo. Tendríamos que responder que el primer plano de la concentración lo deja *casi* todo atrás. Partimos de darnos cuenta de que tenemos un libro en las manos, pero luego somos capaces de concentrar todo el esfuerzo en la relación directa. Y, sin embargo, inclusive aquí permanece la situación basal y mínima de darse cuenta, con la claridad que acompaña el acto de leer. Ésta sería, pues, la respuesta: estar muy atento o muy concentrado es casi no darnos cuenta de la acción. *Casi*. En esto, y sólo en esto, la atención se parece al estar distraído. Puedes estar tan absorto que la reflexividad involuntaria del sentir permanece en *casi* latencia, pero operando constantemente y haciendo posible la acción.

Esta claridad *básica* es la matriz de todas las demás claridades y sensaciones. Gracias a ella veo, ahora con la luz del sol, la peonza girando o, con la luz de la imaginación, el triángulo ideal objeto de estudio. Esta claridad básica coincide con la fenomenización del mundo, es decir, con el hecho de que las cosas se nos muestren: tanto el vuelo de la golondrina, como la música que escucho, y que siento *con toda claridad*. Que la música—o la palabra—nos llegue *claramente* es una preciosa pista para entender de qué estamos hablando y a qué base queremos acercarnos. De forma también decisiva, esta claridad define los estados de ánimo. Todos los estados de ánimo se dan en la claridad del sentir. En realidad, son sus modos más propios. Sentirse contento o triste es reflexividad sin acto voluntario. Me siento triste: esto, evidentemente, no suele responder a la decisión de querer sentirse triste. Y, al sentirse uno triste, se da una reflexividad originaria, de base, con la claridad que estamos subrayando. Claridad de la tristeza y de la alegría. No es que *vea claro* la alegría como objeto delante de mí, sino que me siento *claramente* alegre.

Nuestro sentir, nuestra vida, es esta claridad. Forma del yo, forma de lo humano, secreto de la claridad, fosforescencia de la vida—«luz de la vida», dicen algunos—. Claridad que acompaña todos los actos. No acto, sino forma de todo acto. No retorno, sino repliegue o redoblamiento ya dado de antemano. Reflexividad inmediata en la que ya nos encontramos pasivamente, como ahora mismo, al escribir o leer estas líneas.

Claridad básica, pues, que deja atrás la distinción entre «interior» y «exterior». Aunque esto no pueda afirmarse a la ligera, tras los miles y miles de páginas que se han escrito sobre la posibilidad del «mundo»; sobre el privilegio de que alguien que pertenece al mundo sea, a su vez, el sujeto por el cual y para el cual hay mundo; sobre la maravilla de que las cosas se nos manifiesten como tales. Aunque sostenemos que la claridad básica reúne tanto los estados de ánimo como la «aparición del mundo», diferimos tanto de la posición de Michel Henry como de la de Heidegger. Michel Henry distingue de forma rigurosa dos tipos de aparición: una sería la visible, la del mundo y otra, la invisible, de la «vida». La primera, la iluminación de las cosas. La segunda, la autoafección: el aparecerse a sí de la vida en la inmanencia de su afectividad, independiente de toda exterioridad. Heidegger, en cambio, con el afán de alejarse del subjetivismo moderno, insistirá cada vez más en el éxtasis del mundo del que tan inspiradamente se habría tratado en los albores de la filosofía griega.

En la claridad básica que ahora procuro describir, se dan tanto las cosas como los estados de ánimo; tanto los paisajes como los sentimientos; tanto las palabras del maestro como las que brotan de uno mismo. Dado que es tan radical, esta claridad no sólo tiene como símbolo la dimensión visual, sino también «el corazón». Tal vez sólo las personas con «buen corazón» son capaces de ver una parte del mundo. Y tampoco hay razón para hacer prevalecer la objetividad—las cosas que se dan delante—. A veces «vemos» mejor el rostro que la cara, es decir, la profundidad de lo humano que el color de los ojos. Puedo sentir antes la amabilidad de una persona que percatarme de cómo va vestida. Y lo mismo diría en otras situaciones: percibo la vitalidad de una planta antes que la forma precisa de sus hojas, o la belleza de una escultura antes que los materiales de los que está hecha. El amor lleva a ver o ver más. Por eso se hace referencia a despertar el corazón de una persona. Despertar el corazón es como ensanchar el ángulo del sentir. La persona afectuosa y cordial ve más que el individuo narcisista, o que el malicioso. De ahí que, incluso en el momento pasional, sea siempre mejor estar «cegado de amor» que «cegado de odio».

DE LA PIEL AL CORAZÓN

La maravilla de la vida es la claridad de este ver, de este sentir, que hace de fundamento.

LA PASIVIDAD-SENSIBILIDAD Y EL REPLIEGUE

De ese mismo fundamento hay que poner de relieve un segundo aspecto esencial: el de la *pasividad* (que es sinónimo casi perfecto de *afectabilidad*, de *sensibilidad* y, también, de *vulnerabilidad*). La cámara de filmar graba imágenes y sonidos, pero no se siente afectada. En ella las imágenes quedan como una película continua y homogénea. A nosotros, en cambio, *nos pasan* cosas.

Creo que la mencionada claridad surge del redoblamiento de la pasividad; por el aumento de la pasividad, sentimos que sentimos. Es como si el aumento de la capacidad de sentir, de la sensibilidad, pasara el umbral que diera pie a una nueva claridad: la del sentir que se siente. Como si el crecimiento lineal de golpe, llegado a cierto punto, se plegara sobre sí mismo. A veces, hay cambios cuantitativos que dan pie a cambios cualitativos. El incremento de la pasividad-sensibilidad supera un umbral, provocando el redoble y, desde ese momento, sentimos que sentimos. Esto es lo humano; éste es el modo de ser del humano. De ahí que, por ejemplo, resulte chocante escuchar según qué tipo de retórica acerca de la «inteligencia artificial». Los progresos en este campo son realmente espectaculares, pero no tienen nada que ver con la capacidad de sentir. De momento, la tecnología puede grabar y reproducir, y multiplicar exponencialmente las operaciones realizadas en tiempo muy breve, pero no sentirse afectada, ni sufrir, ni estremecerse, ni, obviamente, sentir un nudo en la garganta. Puede simular la afección; sólo simularla. El programa informático gana una partida de ajedrez al campeón del mundo, pero no puede alegrarse de ello; ningún artilugio computacional puede quedar «tocado» o conmovido por haber asistido a un concierto o por haber conocido a alguien. A estas alturas ya no debe haber marcha atrás, pero ¿no se podría hablar con más propiedad y evitar confusiones?; ¿o acaso se necesita confusión para justificar las inversiones en el sector más puntero de la sociedad?

Nos encontramos sintiendo, *pasivamente*. Y la pasividad, en sentido propio, no es ningún defecto puesto que indica capacidad para recibir, para que nos afecten o nos hieran las cosas. Ser sensible, abierto, pasivo y vulnerable es lo mismo. Y no conviene contraponer la pasividad a la actividad, ni un sujeto pasivo a uno activo. Más bien hay que acentuar el vínculo y advertir que la afección es pasividad y ya, a la vez, movimiento. La herida es ya modificación, cambio, transformación, conmoción; cortadura e inicio instantáneo de sutura; recepción y ya respuesta. Ser humano como ser afectado, como ser conmovido. Pasividad y pasión; recibimiento y respuesta—y responsabilidad—.

Evidentemente, los estados de ánimo son también expresión privilegiada de la pasividad. Contestan a la pregunta: «¿Cómo te encuentras?» o «¿Cómo te sientes?», donde ha de acentuarse tanto el pronombre personal como el verbo. En *Ser y Tiempo* Heidegger realiza un análisis muy lúcido de los estados de ánimo, argumentando que descubren nuestra manera de ser, nuestra apertura al mundo. Existir significa *encontrarse* de una manera o de otra, porque no cabe no encontrarse de ningún modo. En esto consiste la pasividad: no poder dejar de encontrarse. Y es un encontrarse total: el estado de ánimo te atrapa de pies a cabeza; no tiene caras que haya que ir articulando; no hay ninguna síntesis que unifique la percepción de las partes. Siento miedo o alegría, y lo que siento se me da del todo. El estado de ánimo es básico en el sentido de que a partir de él, o sobre él, se definen otras posiciones u otros comportamientos. El estado de ánimo es apertura al mundo y a los demás; condición patética, y motor de acción. Cuando animoso bajo las escaleras, o cuando melancólico miro el huerto desde la azotea, o cuando plácido hablo con alguien, ya hay un sentir que permite la concentración en lo que estoy haciendo. De modo que cuando intento algo, el proceso ya ha empezado. La determinación de beberse un vaso de agua, o de elaborar una teoría científica, viene precedida por una focalización más originaria, que no es exactamente *una facultad*, sino la *situación* esencial en la que *me encuentro* como sujeto. Si se quiere llamar facultad, será, eso sí, facultad pasiva. Siempre estamos en situación; siempre nos afecta la situación y nos encontramos de una manera o de otra. Por ello, la apertura del estado de ánimo es la más originaria de todas; es la apertura del sentir.

Si se otorga esta centralidad al sentir, entonces los gustos, las inclinaciones, las simpatías, las pasiones, los apetitos o los estados de ánimo no deben tratarse como meras *alteraciones* del yo, sino como *expresiones* de su esencia afectiva. Y si el sentir del sentir es la clave de la excepcionalidad humana, nuestra radical manera de ser, entonces hay que reconocer que el mundo—que el éxtasis del aparecer—se da necesariamente gracias a esta base. De modo que el mundo es originalmente el mundo de la sensibilidad, el mundo de la vida. Todas las cosas son «afectivas de nacimiento», es decir, se dan gracias a nuestra afectividad. Todas las cosas nos vienen porque hay un *pathos* de su venida, en el sufrimiento de la vida, que—como veremos—es vida singular, absolutamente singular: yo.

Subrayémoslo una vez más: el ser humano se caracteriza por la modalidad del sentir consistente en una intensidad tal que causa una especie de redoble o de repliegue. Si imaginamos el sentir como una función que crece hacia arriba, se puede considerar que, en un cierto punto, la función ha llegado tan alto que se gira hacia abajo y se dobla, es decir, se repliega sobre sí. La línea de la pasividad-sensibilidad se ha doblado sobre sí misma, dejando un pequeño espacio intermedio. Y, así, la variación cuantitativa da pie a una cualitativa: por la amplitud definida con las dos líneas y por la pequeña separación que queda entre ambas—distancia interpliegue—. Podemos entender esto en analogía con la imagen de las cuerdas vocales, que más que cuerdas son pliegues puestos uno tras otro, haciendo posible el prodigio de la voz. Lo mismo ocurre con el sentir. El repliegue del sentir es el sentir del sentir. El repliegue del sentir no sólo lleva a más afección, sino a una especie de afección de la afección; y afección profunda, que toca el corazón. Amplitud del sentir que va de la piel hasta el corazón y del corazón hasta la piel. El repliegue del sentir produce una amplitud que permite que las cosas que nos pasan nos lleguen hasta el corazón (lo cierto es que nos pasan cosas porque nos llegan al corazón). No por azar, piel y corazón son los símbolos del sentir. De la piel al corazón.

El repliegue del sentir es, a la vez, amplitud y redoble, es decir, sentir del sentir gracias a la separación. Pliegues fisiológicos que permiten y modulan la salida de la voz. Repliegue de la sensibilidad que hace posible no sólo que las cosas nos afecten hondamente, sino que nos afecte lo que antes no nos afectaba. El sentir doblado—la sensibilidad— deviene «espiritual» por lo que es capaz de sentir. Tanto puedes quedar «tocado» por la belleza y la bondad como por el sufrimiento y la muerte del otro. El repliegue o la línea doble del sentir no se traduce en más agudeza (la agudeza visual de un halcón, o el oído de una ballena, o el olfato de un perro, es muy superior a la del ser humano), sino en más vulnerabilidad y más capacidad de recibir y de ser herido. Al alba, el viejo monje confesaba a su amiga que se había retirado al monasterio porque era demasiado sensible para continuar en el mundo. El *corazón* es el símbolo de la sensibilidad y, por eso mismo, la quintaesencia de lo humano. Sintetiza la patética, la sensibilidad y la bondad, y de ahí las expresiones afines: «con toda el alma» o «de todo corazón». Sensibilidad y ya sabiduría. Los hombres de corazón son los hombres sabios, y la mejor memoria es la cordial, la del recuerdo, la que se lleva en el corazón.

Que quede claro que aunque parezca que las observaciones hechas hasta aquí sobre el repliegue del sentir describen algo, son aproximaciones a la forma de ser consistente en sentirse viviendo en el mundo. El carácter óntico de la descripción sólo es aparente y está al servicio de comprender la manera de ser del humano; la forma de ser de quien es capaz de vida. En esto deberíamos seguir, tanto como pudiéramos, el consejo que se desprende de la exclamación de Husserl cuando decía que «quien nos salve de la reificación de la conciencia será el salvador de la filosofía...». Así, por ejemplo, y atento a este consejo, cuando Merleau-Ponty—no muy alejado de donde estamos ahora—habla del «quiasmo» y de «las dos hojas de mi cuerpo», a continuación hace notar que no se trata de una distinción objetiva, sino de un intento de expresar algo inseparable. Por eso añade: «Si queremos metáforas, mejor será decir que el cuerpo sentido y el cuerpo sintiente son como el reverso y el anverso o como dos segmentos de un solo recorrido circular».[7]

---

[7] Maurice Merleau-Ponty, *Lo visible y lo invisible*, trad. José Escudé, Barcelona, Seix Barral, 1966, p. 170.

La propuesta que aquí se está haciendo, la del *repliegue del sentir* como clave interpretativa del sentir humano, tiene también esta misma intención aproximativa-metafórica a una manera de ser. En el repliegue, se describe la función doblada como siendo la misma línea, o el repliegue de la misma naturaleza: la diferencia procede precisamente del repliegue o del doblarse como tales. Es el doblamiento de la pasividad lo que da pie a un sujeto diferente, literalmente re-flexivo, mucho más afectable y más activo—más pasivo y más pasional—.

AFECCIONES PRIMORDIALES

Explicado como una intensificación del sentir que se redobla y se pliega sobre sí dando pie a una amplitud inédita —que llega hasta el corazón—y a una *separación interpliegue* que permite el sentir del sentir (separación decisiva que incluso cabe hacer corresponder con el vacío o la nada que tantas veces se ha asociado a la conciencia), resulta oportuno advertir que se abre la posibilidad de un tipo de afección inédita. Más sensibilidad significa más apertura. El repliegue del sentir es *apertura* y exposición a la afección. Por un lado, de las cosas como cosas y, por otro lado, de lo que nos llega hasta el tuétano, pero que no se deja definir ni apenas nombrar. Me refiero a la *alteridad* que acompaña a las tres afecciones más nucleares y lacerantes: la del *yo que se siente en la vida breve*; la del *tú que se ama y que te quiere*, y la del *mundo admirable que leemos*. Afecciones que se dan no de forma esporádica, sino diacrónicamente, aunque en determinados momentos de la vida nos conmuevan en grado máximo.

La afección del yo es la de la reflexividad basal: sentirse

vivo, único, en un tiempo breve (finitud), y en diálogo consigo mismo. Gracias a que sentimos que sentimos, podemos admirarnos de lo sublime, es decir, de lo más grande, de lo más alto. Pero he aquí que lo más sublime de todo radica precisamente en esa misma sensibilidad y capacidad de admirarnos. Lo más sublime es sentir lo sublime, diría Kant.

La experiencia del tú tiene dos modalidades igualmente esenciales: es la experiencia de la no indiferencia, de la compasión ante el sufrimiento del otro, y del amor por el otro; y es la experiencia de sentirse amado por el otro. Hay quien, como Platón, sostiene que se ama al otro porque personifica la belleza o el valor moral, pero aquí me alío con Pascal cuando dice que no son atributos lo que amamos sino lo indefinible de la persona, equivalente a lo que también decía Montaigne refiriéndose a su amigo La Boétie: que le tenía afecto porque «él era él, y yo era yo». La amistad es una de las formas de amor al otro, y también de sentirse amado por el otro. Amar y ser amado. Mientras que amar es contribuir a ensanchar el cielo, ser amado es sentirse visitado por el cielo.

Finalmente, la experiencia del mundo es la experiencia de estar situado a la vez que de ser sujeto de un mundo admirable y desbordante que somos capaces de conocer y de transformar. Del mismo modo que en el caso de la experiencia del yo y del tú, también la experiencia del mundo como horizonte de manifestación incluye, como reverso, la infinitud-alteridad.[8]

Yo-tú-mundo son experiencias que nos afectan, que nos tocan, pero que no dominamos, ni controlamos, ni digerimos. Esto es lo que significa que la *infinitud-alteridad* late en todas ellas. Por eso son propiamente experiencias, y por

---

[8] Las tres afecciones (yo, tú, mundo) son una variación de lo que Kant llama las tres ideas de la razón (alma, mundo, Dios).

eso la creación poética versa especialmente sobre ellas: sobre el yo que siente la vida, sobre el tú que se compadece, que se ama o que te quiere, y sobre el mundo que se desborda.

Pasar por alto o reducir a esteticismo el misterio de la vida es una de las enajenaciones de nuestro tiempo. Empobrecimiento grave que, a pesar de estar rodeados de escaparates relucientes, provoca que nos quedemos a oscuras, con hombres y mujeres reducidos a hechos, a cosas entre cosas, ahogándonos en la opacidad de esta luz fría y artificiosa. Tanto el ensimismamiento consumista como el cientificismo barato tapan y disipan la conmoción de la vida; desde su propagación, el malestar y la desesperanza aumentan, y la procesión va por dentro.

Lo finito traspasado por lo infinito. Afección infinita de lo finito, que cabría llamar *sentir infinito* porque el repliegue del sentir no lleva a más extensión sino a más anchura y, así, a la afección de la alteridad-infinito. Ser *alterado*: he aquí lo humano, he aquí «la vida». En el capítulo siguiente se verá justo eso: la afección infinita y el deseo de infinito. Deseo de «cielo», deseo de «paz», deseo de «lo otro». «Y de adónde quiero ir no sé nada; pero eso es lo que espero», confiesa la compasiva Monelle.[9] La afección es a la vez anhelo, deseo, que la muerte no satisface sino que simplemente siega.

DECIR «YO», SENCILLAMENTE

Tan fascinante es la formación de la especie humana como el proceso de maduración que lleva del bebé hasta la cons-

---

[9] Marcel Schwob, *El libro de Monelle*, trad. Jesús Munárriz, Madrid, Hiperión, 1995, p. 145.

titución del individuo adulto. Sin embargo, lo más decisivo de todo es que en el transcurso de estos dos procesos, de evolución y de crecimiento, respectivamente, aparezca el sentir del sentir, que lleva a decir «yo», sencillamente. La mayor maravilla es la producción de esta fisura que es el repliegue del sentir en medio del mundo.

«Yo consciente» es redundante. Por supuesto que, en lo concerniente a la terminología relativa a «conciencia», es mejor la expresión verbal «ser consciente de» que el sustantivo «la conciencia». Ya se ha señalado que hay que evitar a toda costa la reificación. Lo que se da es la acción de darse cuenta, de ser consciente, de sentir… Y de estas palabras hemos dado prioridad al «sentir». «Yo» es el nombre dado a quien siente que siente; nombre del sujeto del sentir. No es un ente abstracto sino muy concreto: la concreción del yo que siente es el cuerpo. El yo es una referencia cuya concreción y cuya posición es el cuerpo. En el mundo impersonal, de repente una posición, un inicio, un punto de partida; una pasividad que se recoge—que hace casa—y que genera. No identidad, sino unicidad sin identidad; proceso de identificación.

Siento que siento. Y digo inmediatamente «yo» para expresar la singularidad concreta de este sentir. No se trata de una corriente impersonal, sino de un polo. No la corriente impersonal de la vida, sino la vida absolutamente singular de cada uno. Aquí Pessoa, en el *Libro del desasosiego*, expresa la experiencia común: «Pero yo sé que lo que siento, lo siento yo».[10] El sentir del sentir es inicio del yo, del sí mismo. La vida de los «absolutos», de los separados—de los «individuos»—, de las personas, de los yoes, de los sí

---

[10] Fernando Pessoa, *Libro del desasosiego*, trad. de Perfecto E. Cuadrado, Barcelona, Acantilado, 2016, p. 361.

mismos. Este yo se encuentra viviendo. Y viviendo precisamente lo que no tardará mucho en sentir como *vida breve*, porque la experiencia de la finitud va junto con la del yo. De modo que tenemos dos aspectos muy destacados de esta experiencia: el placer de vivir y la sombra de la finitud que se cierne sobre este placer. Es porque la vida se experimenta como gozo, que la muerte es amenaza y estremecimiento. Es porque la vida se experimenta como valiosa y placentera que cada uno lidia con las adversidades para seguir viviendo.

Por economía de lenguaje hablamos de «la vida», y de sentir, pero siempre lo hacemos presuponiendo que se trata de la vida de cada uno, y del repliegue del sentir que cada uno es: de «mi vida», donde el posesivo es estrictamente aparente, porque no indica patrimonio alguno, sino esa afilada singularidad del yo.

VECINDADES DE LA EXCEPCIONALIDAD HUMANA

Emil Cioran se refiere a la desolación que expresan los ojos de un gorila.[11] Jacques Derrida, en cambio, habla de la mirada de la gata.[12] Aquí, siguiendo la pista nietzscheana, prestaremos atención al semblante de la vaca.

¿Por qué presuponemos que el sentir infinito es exclusivo del ser humano? Especulando sobre esta cuestión, Heidegger habla del aturdimiento (*Benommenheit*) del animal.[13] El aturdimiento se entendería como la perturbación

---

[11] Emil Cioran, *El aciago demiurgo*, trad. Fernando Savater, Madrid, Taurus, 1974, p. 121.

[12] Jacques Derrida, *El animal que estoy si(gui)endo*, trad. Cristina de Peretti y Cristina Rodríguez, Madrid, Trotta, 2008, pp. 20 y ss.

[13] Martin Heidegger, *Los conceptos fundamentales de la metafísica*.

de los sentidos por el efecto de un golpe. Por él, el animal permanecería en una especie de confusión, que no le permitiría tener mundo; permanecería integrado en el mundo, sin poderse referir a las cosas como cosas. No es que después de ver las cosas se quedase absorto, es que no las podría ver, pues ya desde el principio estaría absorto. Así, según Heidegger, mientras que la piedra sería «sin mundo», el animal sería «pobre de mundo», y el hombre «configuraría el mundo». Ser pobre significa carecer. Dado que la piedra no se relaciona con nada, ni siquiera puede carecer de mundo. En cambio, con respecto al animal, puesto que sí se relaciona con la exterioridad, cabe decir que carece de mundo. El lagarto se relaciona con la piedra calentada por el sol, aunque no la ve *en tanto que* piedra (lo cual requeriría una especie de separación y lenguaje). Según Heidegger, pues, la forma de ser del animal consistiría en estar aturdido, atrapado en su tarea, prisionero de lo que hace.

Aunque el pensamiento de Heidegger resulta sugerente, aquí apostaremos por una respuesta alternativa. En primer lugar, porque es poco riguroso hablar de los animales tan genéricamente: ¿en qué se parecen el mejillón y el gorila? Pero, sobre todo, porque, consecuentemente con lo ya dicho, en lugar de recurrir a algo semejante al aturdimiento, se considera más verosímil hacerlo a la función creciente de la pasividad-sensibilidad. La excepcionalidad humana reside en haber pasado el umbral, con un repliegue cuyo grosor permite la afección de lo infinito, que conduce al sí mismo y a decir «yo» sencillamente. Y añadamos otro contraste: Heidegger, en lugar de hablar de la afección de lo in-

---

Mundo - Finitud - Soledad, trad. Joaquín Alberto Ciria, Madrid, Alianza, 2007.

finito, trata del acceso a la nada en el estado de ánimo de la angustia. Al *Dasein* se le revela el ser—y la nada—y por eso tiene mundo, y puede referirse a las cosas en cuanto cosas. Tal como comenta Agamben, la ontología sería la operación en que se efectúa la antropogénesis.[14] En cambio, aquí proponemos entender que es el repliegue del sentir lo que lleva tanto a la claridad (condición del aparecer del mundo) como, inseparablemente, a la afección infinita. La ontología va ligada a la afección, al estar «tocado» por el misterio de la vida, por las experiencias del yo, del tú y del mundo. Por lo que no hay ontología sin pasión.

No es que el animal esté aturdido. El sentir del gorila todavía no contiene la reflexividad-claridad, o la contiene de forma demasiado incipiente; todavía no ha traspasado el umbral, aunque la sombra de la desolación—de la intemperie—empiece a insinuarse en su mirada.

Ya en la vida vegetal y en la animal se inicia el sentir. Pero a veces, ciertamente, el cambio cuantitativo puede dar pie a uno cualitativo. En el ser humano, el sentir supera un umbral que, con el repliegue, lleva a la claridad sobre la propia situación, a la reflexividad basal, y a la afección de sentirnos viviendo. Entonces tenemos el animal humano, raro, rarísimo. La separación interpliegue hace salir de la inmediatez y de la reacción inmediata. La separación interpliegue es también como un *retraso*. Y el retraso es la posibilidad de que las cosas se presenten como tales (fenomenización del mundo) pero también de que el futuro se abra como posibilidad. Relación reflexiva, diálogo conmigo mismo, para hacerme, para decidirme, incluso hasta el extremo de poder quitarme la vida.

---

[14] Giorgio Agamben, *Lo abierto. El hombre y el animal*, trad. Antonio Gimeno, Valencia, Pre-textos, 2005.

LA AFECCIÓN QUE MUEVE

Estar tocado—conmovido—es ya el dinamismo de la vida que se mueve. La afección trae el movimiento o, mejor dicho, forma parte del mismo movimiento. En paralelo a las tres afecciones primordiales (yo-tú-mundo), y sin considerarlas en relación estrictamente biunívoca—porque se dan solapamientos—, hay que destacar los tres *dinamismos* fundamentales: el del placer, el del amparo, y el del saber-conocimiento.

Sentir el placer de sentir lleva a las diversas modalidades del *deseo*, como tendencia a aumentar la satisfacción—tendencia erótica en el sentido amplio de la palabra—. El punto de partida es, como señalaba Aristóteles, el hecho de que el sentir del sentir sea placentero en sí mismo. Hay gozo en sentirnos vivos, y de ahí que expresemos las ganas de vivir más intensamente. Ya te sientes vivo, pero deseas acrecentar este sentir. Ahora bien, sentir el placer de la vida en la separación abierta por el repliegue del sentir, significa, también, que en el placer ya está contenida la insatisfacción y que la satisfacción nunca podrá ser total. La tendencia al placer se proyecta hacia adelante, en la dimensión de futuro. El «retorno» forma parte de esta dimensión y de este modo surge la intención de guardar. Ser humano es querer *guardar* el gozo relacionado con el otro, con uno mismo y con el mundo—precisamente porque todo parece irremediablemente destinado a la nada—. «He visto cosas que vosotros no creeríais...». Se querría conservar lo vivido, precisamente por el gozo y el placer que a él van asociados.

Sentir la vulnerabilidad propia y ajena (la sombra de la indigencia, de la intemperie, del sufrimiento, y de la muerte), lleva al *amparo*, es decir, al cuidado y a la protección de los demás y de uno mismo. La *resistencia* y la *generosidad* son las principales manifestaciones de esta tendencia agápica horizontal, que solemos llamar *bondad*, pero que puede desplegarse en múltiples dimensiones, como, por ejemplo, en el ámbito político, desde las luchas por la emancipación y la justicia social hasta el compromiso por la comunidad fraterna.

Finalmente, *sentir la inteligibilidad del mundo*—o, como dice Zambrano, que lo que se siente pueda ser descifrado—, lleva al deseo de conocimiento y a desplegar, hoy, todo el ámbito de la ciencia y de la tecnología. Vemos que la realidad puede ser conocida, leída. El sentir es *sentir inteligente*, es decir, capaz de leer lo que es legible, analizable, cognoscible. Razón y racionalidad no son sino prolongaciones del sentir inteligente. El sentir es la base de la racionalidad y, por tanto, quien no siente será «insensato», es decir, no razonable. Tampoco es casual que «saber» venga de saborear (*sapere*), y que el sabio sea el hombre de buen gusto, capaz de gozar de la belleza. Así, no es que estén fuera de lugar las apelaciones a la inteligencia emocional, sino que a menudo o bien presuponen que es un tipo de inteligencia, o bien que la parte emocional viene a ser como un complemento a la inteligencia, cuando la situación es otra. No hay que edulcorar la inteligencia con la dimensión emocional porque ya de por sí el sentir es inteligente. Desde luego, habría que dejar definitivamente atrás el binomio intelectualismo-emotivismo y recuperar lo que sostenía Xavier Zubiri cuando describía la inteligencia sentiente:

De ahí que el sentir humano y la intelección no sean dos actos numéricamente distintos, cada uno completo en su orden, sino que constituyen dos momentos de un solo acto de aprehensión sentiente de lo real: es la inteligencia sentiente... Inteligir es un modo de sentir, y sentir es en el hombre un modo de inteligir.[15]

A diferencia de Zubiri, en vez de «inteligencia sentiente», es mejor hablar del «sentir inteligente», para dejar todavía más claro que no es que tengamos una racionalidad (una inteligencia) que deba complementarse con la sensibilidad, sino un sentir que ya en sí mismo es inteligente.

A partir de aquí se abren perspectivas de análisis en múltiples direcciones sobre temas mayúsculos. Se puede comprobar que los tres dinamismos (placer, bondad y conocimiento) son ayuntamientos—logos y lenguaje—; tendencias que quieren relacionar y que, por eso mismo, permiten hablar de la *coyuntura* humana. Se puede ver que la primera palabra es de amparo y que la segunda nombra el mundo. Se puede ver que, dado que el del placer y el de la bondad son dinamismos o deseos fundamentales, no se debería plantear la dicotomía entre una filosofía hedonista y una del sacrificio y de la austeridad moral. Se puede ver cómo, desgraciadamente, todo puede degenerar: el deseo de placer, en afán de dominio y de violencia; el amparo y la bondad, en desdén; y el conocimiento y la técnica, en sistemas colonizadores y alienadores de la vida de las personas. Por suerte, sin embargo, cabe comprobar que, si se mantiene lo genuino, entonces el destilado de los tres dinamismos se deja enunciar con las dos palabras enaltecedoras de la vida: amor y pensamiento.

---

[15] Xavier Zubiri, *Inteligencia sentiente*, Madrid, Alianza, 1980, pp. 12-13.

III
EL DESEO QUE SE GENERA

> Respiro,
> y el aire en mis pulmones
> ya es saber, ya es amor, ya es alegría,
> alegría entrañada
> que no se me revela
> sino como un apego
> jamás interrumpido
> —de tan elemental—
>
> JORGE GUILLÉN,
«Mientras el aire es nuestro»

Sentirnos vivir es, al mismo tiempo, aspirar, tender, anhelar... Sentirnos vivir en cuanto afección ya es movimiento, dinamismo, mediación. El gozo de vivir —inmediato— que ahora mismo puedo sentir, está inserto en mi forma de ser mediata. «Deseo» es una de las palabras con las que es posible nombrar la mediación que somos. Somos deseo.

EL GOZO DE LA VIDA

Sentirnos vivir es sentir en todo momento los «contenidos» de la vida. Tal como explica Lévinas, vivir es *vivir de.*[1] Prestar atención a esto tan elemental permite restringir la concepción instrumentalista que proyectamos por doquier.

---

[1] Emmanuel Lévinas, *Totalidad e infinito*, trad. Miguel García-Baró, Madrid, Sígueme, 2012, pp. 116 y ss.

Excesivamente condicionados por el esquema causal, decimos, por ejemplo, que respiramos o que comemos para vivir. Sin embargo, describiríamos mejor lo que ocurre contando que vivimos respirando, y comiendo, y mirando lo que nos rodea... Muy a menudo las cosas no son sólo simples medios, sino contenidos de la vida. Ya hay satisfacción en comer las uvas del viñedo, y en respirar el aire puro de la montaña. Incluso se podría decir esto mismo del trabajo. Está claro que trabajamos para vivir, pero cuando el trabajo no es alienador y tiene sentido, es también verdad que vivimos trabajando y que se da en ello cierto disfrute.

Vivir es, pues, *vivir de*, y los contenidos son la alegría de la vida. Ser yo significa sentir el gozo de la vida, y por la misma razón, también la tristeza, la preocupación o el sufrimiento, todos los cuales se definen a partir del gusto y el placer de vivir. Por eso la vida es amor a la vida. La vida, de entrada, se ama.

Esto es lo que hay que subrayar: que la nuestra no es una vida desnuda, una existencia pura—lo que sería más bien propio del reino inquietante de las sombras—; sino una relación continuada con contenidos (lo que, en cierto sentido, equivale a la intencionalidad husserliana). Sentir la suave calidez del ambiente al atardecer de un día veraniego o escuchar el rumor del frío viento invernal bien arropado en la cama... son experiencias del yo que siente el gozo de la vida, de un yo gozoso porque vive. A partir de ahí emerge y se define la tristeza y la pesadumbre, la carencia—presente o futura—, la dificultad de ganarse el pan cotidiano, la enfermedad, el temor a la violencia, o la inminencia de la muerte, a modo de asedios reiterados sobre el gozo de la vida.

En consecuencia, se podría matizar un aforismo de Cioran que dice así: «*Desear* es no querer morir».[2] Equivalente a lo que escribió Jacques Rigaut—el creador de la *Agencia general del suicidio*—: «El deseo es probablemente todo lo que un hombre posee. Soy un hombre que intenta no morir». Desde luego, es una buena idea, pero todavía se ajustaría mejor diciendo que *desear es querer vivir*. Desear es vivir y querer vivir; es sentir la vida y querer deleitarse aún más; es sentir y, dado que el sentir ya es placentero, proyectar su intensificación.

EL LENGUAJE DE LA PASIÓN

Ahí va la tan citada sentencia sartriana, del capítulo final de *El ser y la nada*: «El hombre es una pasión inútil». Pero ¿es «inútil» la calificación más adecuada? El hombre es una pasión, eso sí, pero ni «útil» ni «inútil».

Aunque nada es del todo nuevo, el lenguaje de la pasión y de la afección para definir al ser humano es especialmente contemporáneo. Lévinas—con quien, como es obvio, la deuda contraída resulta impagable—es uno de los autores que con más fuerza lo ha recuperado, hasta llegar a afirmaciones como ésta: «La subjetividad del sujeto es la vulnerabilidad, la exposición a la afección, sensibilidad, pasividad más pasiva que cualquier pasividad…».[3] Expresión paradójica, límite: una pasividad más pasiva que toda pasividad.

Algunas veces, en la tradición filosófica, para dar cuenta de la afectividad—y de la afectabilidad—humana, se había distinguido entre afectos pasivos o sentimientos, y afec-

---

[2] Cioran, *El aciago demiurgo, op. cit.*, p. 125.
[3] Emmanuel Lévinas, *De otro modo que ser, o más allá de la esencia*, trad. Antonio Pintor-Ramos, Salamanca, Sígueme, 1987, p. 103.

tos activos o deseos (anhelos, pulsiones, inquietudes, apetitos). Y, en efecto, como ya se ha hecho, conviene seguir acentuando este doble aspecto de la afectividad: pasividad y actividad, o una pasividad que, en sí misma, ya es inicio de actividad, de movimiento, de tendencia.

Sin embargo, la sombra que a menudo se cernía sobre los planteamientos antiguos y medievales era grande y procedía del tópico consistente en colocar la afectividad por debajo de la voluntad y de la razón. Todo invitaba a concluir que el estado óptimo se da cuando las pasiones permanecen bajo la orientación y la guía de las citadas facultades superiores. Es decir, que la armonía se alcanza cuando la razón gobierna bien las otras partes. Evidentemente, ésta es una afirmación genérica que habría que matizar en cada pensador y en cada escuela o corriente filosófica, y en relación con la cual se pueden encontrar varias y jugosas excepciones. Sin embargo, los cambios más decisivos empiezan a darse en algunos autores modernos cuando insisten en que el motor de la acción son las pasiones, o en que el espíritu humano es pasional por definición, llegando inclusive a caracterizar la razón como una pasión más. Así lo hace Hume cuando dice que, en su acepción común, la razón «es una pasión general y tranquila...».[4] Y Leibniz, cuando afirma que la *vis activa* es básicamente impulso, que todo impulso es productivo—da pie a...—, que puede ser llamado *appetitus*, y que *appetitus* y *perceptio* son determinaciones de la mónada igual de originarias.[5]

La terminología relativa a la afectividad va adquiriendo

---

[4] David Hume, *Disertación sobre las pasiones y otros ensayos morales* (v, 2), trad. José Luis Tasset, Barcelona, Anthropos, 1990, p. 139.
[5] Este punto tan crucial es comentado ampliamente por Heidegger. *Cf.* Martin Heidegger, «Del último curso de Marburgo», en: *Hitos*, trad. Helena Cortés y Arturo Leyte, Madrid, Alianza, 2000.

centralidad filosófica. Pero es Spinoza el autor que, sin lugar a dudas, representa la inflexión más decisiva. Suya es la conocida tesis del *conatus*, según la cual todas las cosas tienden a perseverar en su ser. Pues bien, al *conatus* le llama, también, *appetitus*. Al esfuerzo de perseverar del alma se le llama «voluntad», pero cuando se refiere a la vez al alma y al cuerpo se llama «apetito». Por tanto, *el apetito es la esencia del hombre*. Escribe:

... entre «apetito» y «deseo» no hay diferencia alguna, si no es la de que el «deseo» se refiere generalmente a los hombres, en cuanto que son conscientes de su apetito, y por ello puede definirse así: *el deseo es el apetito acompañado de la consciencia del mismo*.[6]

La conciencia de aumentar la fuerza del propio ser es alegría; la conciencia de menguar es tristeza.[7] Está claro que, en Spinoza, el deseo ya no puede ser interpretado sólo en términos de carencia y de necesidad. La necesidad se satisface, y el deseo no. El deseo expresa el crecimiento de una potencia, y ya se adivina el camino hacia Nietzsche. Aunque pudiera convenir en algunos casos, en general no se trata de apaciguar o de exterminar las pasiones, sino de que la voluntad, que es una pasión más, sea capaz de abrazarlas y acompañarlas. La voluntad más poderosa es la que más campo de libertad deja a las otras pasiones. No se trata de debilitar la vida sino de intensificarla. Es en este sentido que la nietzscheana voluntad de poder se entiende como servidora diligente de la vida, o como su mejor expresión.

---

[6] Baruch Spinoza, *Ética*, III, IX, Escolio, trad. Vidal Peña, Madrid, Editora Nacional, 1980.
[7] *Ibid.*, XI.

DESEO COMO GENERACIÓN

Así pues, hay precedentes. Para referirnos a los dinamismos o ayuntamientos del sentir humano también cabría emplear la palabra *tendencia*, que indica el hecho de estar tenso—como el arco—y de dirigirse a... Consecuentemente, se comprendería la *distensión* provisional y la necesidad del descanso, así como también, en otra dirección, la *atención* y la *intensidad*. Incluso se podría obtener una buena definición de deseo como *tendencia a la intensidad*.

¿Qué más habría que saber del deseo? Su estructura intencional hace que pueda ponerse el acento o bien en la tendencia o bien en la cosa deseada. Así, por ejemplo, Sartre considera que el peso recae en la cosa porque de lo contrario no habría manera de salir del estado de inmanencia para alcanzarla.[8] Según este autor, deseamos a una mujer o a un hombre y no simplemente nuestra saciedad. Y añade que el deseo principal es básicamente deseo de un cuerpo. En principio, podía parecer que esto no concuerda con la definición sugerida del deseo como tendencia a la intensidad. Sartre hace una división tajante entre inmanencia del deseo y trascendencia de la cosa (entre lo que siento y aquello por lo que lo siento). Pero ¿es así como tenemos que proceder? Tal vez lo difícil sea conocer la manera con la que hay que pensar esta voluptuosidad del vivir. Me complazco en el olor que siento, o en el cuerpo que acaricio. El sentir no consiste nunca en una estructura cerrada sobre sí misma. Por eso hemos subrayado que *vivir es vivir de*. No hay una subjetividad que sienta independientemente del mundo, sino un estar en el mundo que, a modo

---

[8] Jean Paul Sartre, *El ser y la nada*, trad. Juan Valmar, Barcelona, Altaya, 1993, pp. 409 y ss.

de repliegue del sentir, resulta fuertemente afectado. Deseamos cosas, personas y situaciones precisamente porque hay un disfrute ligado a todas ellas. Sentirse vivir es sentirse vivir en el mundo, sentirse vivir en el gozo de los contenidos de la vida. ¿Con qué extraña operación se distingue aquí de forma tan tajante entre inmanencia del deseo y trascendencia de la cosa?

En nuestras afueras hay relaciones diversas. Algunas tienen el carácter de la carencia. Pero la fuerza del deseo reside sobre todo en la generación, y sólo parcialmente tiene que ver con la carencia. A veces, es carencia transformada. Una necesidad—el hambre—se satisface—es como un vacío que se llena—, en cambio, el deseo—el deseo relacionado con el gusto—nunca está del todo satisfecho, aunque, ocasionalmente o a menudo, se deleite con la intensidad. El deseo no surge sólo de un vacío, por eso nada lo puede saciar completamente; porque no se trata sólo de llenar hasta rebosar. La *necesidad*, o la penuria, sí que es el movimiento que surge de la carencia. Así es como surge el hambre, la sed, el sueño o el respirar... La carencia materialmente sensible: siento hambre, tengo sed. La necesidad es necesidad, por encima de nuestra espontaneidad o voluntad. Ahora bien, hay momentos en que no sólo tienes necesidad de comer sino que se intensifica el deseo. Una cosa es *tener (mucha) hambre*, y otra, *tener muchas ganas de*. La primera es necesidad, la segunda se acerca al deseo. La necesidad da pie a un tiempo de crisis y de fuerte inquietud hasta el momento en que se satisface; momento que es imposible aplazar indefinidamente, pues la necesidad es algo que *por fuerza* hay que satisfacer (comer, beber, dormir). En cambio, la satisfacción del deseo puede ser aplazada indefinidamente. Y, aunque si se alcanza lo que se busca también se produce un presente más estabilizado, muy pronto se nota la incipiente insuficiencia, porque el deseo tiene que ver con lo que nunca se satisfará del todo (sexualidad, reconocimiento, amor, saber…).

La necesidad se caracteriza, también, por su simplicidad y su definición. En cambio, el deseo suele ser más indeterminado —e incluso contradictorio—. Por todo ello, algunos filósofos estoicos pensaron que lo mejor era cortarlo de cuajo, porque en su supuesta satisfacción hay indefectiblemente una especie de frustración y una melancolía. Podría ser, sin embargo, que este clemente propósito estoico estuviera destinado al fracaso la mayoría de las veces.

El deseo, precisamente porque surge de las afecciones infinitas, tiende hacia lo que no es nada concreto, tiende a lo infinito. Cabe el paralelismo con lo que Heidegger establece como diferencia entre el miedo y la angustia. Mientras que el miedo es miedo ante algo, la angustia es angustia con relación a la nada (es sin objeto). Lo mismo —o parecido— ocurre con el deseo: mientras la necesidad es necesidad de algo, el deseo lo es de «algo» que no es exactamente algo definido —nada, si nada es aquello que no es ningún algo—. Aunque apunte a cosas y a situaciones, las trasciende o aspira a su alteridad. El deseo cree poderse satisfacer en cosas y situaciones, y sí, se satisface, pero nunca plenamente. La insatisfacción le es esencial. Ocurre incluso que, en situaciones satisfactorias, el deseo suele exasperarse, revelándose aún más como lo que es: deseo. La satisfacción y el placer se sitúan, en su inmediatez, en la mediación y en el exceso del propio deseo. El deseo se revela a sí mismo como deseo.

El deseo es generación. Generación más allá de la carencia; o generación sobre la carencia. En esto se puede coincidir con Deleuze, pues también él sostiene que el deseo es una construcción, un agenciamiento —es decir, de la naturaleza de la acción—. Si lo entendemos así, todo se oxigena más, especialmente en comparación con el planteamiento más bien laberíntico y asfixiante del psicoanálisis, con las escenas del teatrillo familiar. Se trata de no enredarse y de no perderse en los callejones imaginarios o reales del pasado, sino de abrirse a la experimentación. De experimentar más que de analizar. Dejarse de historias y crear. Mientras que en Freud encontramos una concepción negativa del deseo, vinculado con la carencia, los nudos y las frustraciones, en Deleuze, más spinozista, se conecta deseo con potencia—lo que no necesariamente supone temeridad y desmesura—. Él mismo explicaba que a menudo se sentía emplazado a ayudar a quien parecía rodar hacia el despeñadero.

Generar, intensificar. Está claro que a veces hay que deshacer nudos. Pero no se trata de hurgar más de la cuenta, sino de crear. El deseo es deseo de amplificar la vida, de mimarla, de acrecentarla y de amarla. Iba a decir que el deseo es un pozo sin fondo, pero mejor que no, porque esta imagen evoca el vacío. Es preferible insistir en que es tendencia, anhelo. Deseo de vida. Deseo de deseo. Deseo como viveza y vitalidad de la vida.

En la permanencia del deseo hay algo bueno. Dado que, en parte, el deseo se alimenta del placer de sentirnos vivos, *el deseo es en sí mismo placentero, bueno.* A pesar de los posibles desasosiegos, el sentir como tendencia es ya voluptuosidad. Si bien es conveniente suprimir ciertos deseos y necesidades artificiosas, de ningún modo puede beneficiar el suprimir *todos* los deseos. Sin deseo, la vida se apaga. Deseo y vida se conjugan juntos. *El deseo es la vida viviéndose.* Por ello, en el aburrimiento permanente, la vida mengua.

El deseo te traspasa y te sumerge—todo tú eres deseo—. Con respecto a él, no cabe mantener la distancia. Te abarca; no puedes desembarazarte de él. Obsesiona nuestro sentir. Nos obsesiona. Tal vez por esto se da una especie de deseo básico de dejar de desear. Debido a que la tendencia es un tipo de esfuerzo, y cansa, puede que emerja el inconfesable «ya está bien», «ya basta». Lo que podría hacer pensar que la vida humana tiene dos tendencias basales: la de intensificarse como deseo (intensificar la vida), y la de la «paz» como cese—que alguna complicidad especialísima tendría con la muerte—. Sin embargo, aquí se apuesta por considerar que el deseo de paz sigue siendo deseo de vida y que, por tanto, la paz no debe entenderse como cese, sino como ese paradójico horizonte en donde la intensificación de la vida coincide con la suavidad de un reposo inefable.

DESEO DEL OTRO

A pesar de que, como todos sabemos, riqueza y poder destacan inmemorialmente como objetos de deseo, el deseo fundamental se dirige a los otros; tiene que ver con los demás. De hecho, riqueza y poder son a menudo supuestas—pero equivocadas—estrategias para conseguir o llegar a los demás. Tendríamos, por un lado, los deseos relacionados con la sexualidad (con la seducción del otro y la «posesión» del cuerpo del otro y de su propio deseo) y, por otra parte, los deseos relacionados con el reconocimiento por parte de los otros—reconocimiento social—. Todos los deseos sociales podrían reducirse a dos. Primero: el de ser tratado como el resto y ser uno más entre los otros—igualdad formal—. Y segundo: el de distinguirse de los demás y ser tratado como alguien en particular. Es decir, quiero ser contado, al igual que los otros, como miembro de la sociedad; como un ciudadano más—esto es lo que formalmente pretende representar el Estado de derecho—. Pero, al mismo tiempo, quiero poder diferenciarme de los demás para ser alguien en la propia particularidad, es decir, quiero ser amado, deseado y valorado. El deseo sexual podría incluirse en esta categoría del reconocimiento particular o, por su fuerza y gravedad, considerarse aparte.

Otra «ley» del deseo que tiene directamente que ver con las demás personas es la siguiente: la satisfacción suele ser mayor al ser compartida. La necesidad es comer. La necesidad transformada por el deseo es comer juntos. Si hablamos de necesidad sexual, entonces, la necesidad transformada por el deseo es satisfacerse mutuamente. La necesidad es vivir. La necesidad transformada por la generación del deseo es vivir juntos y compartir el gozo y la alegría—y también la tristeza—. Porque el goce compartido es más goce. Boecio lo decía así: «Ninguna posesión del bien es gustosa sin ser compartida». La vida se siente más cuando se difunde, cuando se comunica, cuando se expresa. Al contrario, el aislamiento disminuye la vitalidad y el sentir, y es óbice para la experiencia de la vida. Se quiere que el otro disfrute de la misma comida y del mismo libro.

Volvamos momentáneamente a Sartre y a la sentencia de la pasión inútil. Inútil por frustrada—piensa él—, y lo ejemplifica también con el deseo sexual. Según Sartre, pretendemos la apropiación del cuerpo ajeno. Así, «la caricia no es un simple roce: es *modelado*».[9] Pero modelar es dar forma, de modo que con la caricia se quisiera un tipo de poder sobre el otro, de posesión del otro. Sin embargo, ¿y si en la caricia no prevaleciese el modelar? Es posible entenderla como deseo de *contacto*, de *relación de intensa cercanía*, sin afán de poseer. La otra persona es expresión de alteridad y, por esto mismo, la relación planteada en térmi-

---

[9] Sartre, *El ser y la nada*, op. cit., p. 414.

nos de posesión va por mal camino. Sartre ha de admitir que el deseo está destinado al fracaso: para poseer al otro hay que reducirlo a su facticidad, pero en cambio lo que se quiere es poseer la trascendencia del otro. Ciertamente, hay algo que se escapa y el deseo no puede satisfacerse del todo, pero esto no tiene por qué leerse en términos de frustración. Primero, como ya hemos dicho, porque hay un placer—y un sentido—en el propio deseo y, después, porque el hecho de no poder alcanzar la plena satisfacción es interpretable como una tendencia infinita y como una relación con algo asimismo infinito—la infinitud de la otra persona—. En definitiva, *el deseo es deseo de infinito*.

El deseo, al alcanzar la facticidad o la materialidad de lo que busca, revela que esto sólo era un medio para algo otro que siempre queda más allá, inalcanzable. El deseo se mantiene en la separación. La incipiente satisfacción, que es inmediatez, nos disuelve momentáneamente en el mundo. El deseo vive de la mediación y sin embargo suspira por el supuesto gozo de la inmediación. Es tensión y aspira a la paz. Es camino y aspira a la llegada. El misterio es la coincidencia de vida y paz.

En este punto clave es donde se sitúa uno de los aspectos más difíciles de sondear de la relación sexual. En un texto un poco denso de la obra *Calle de dirección única*, bajo el epígrafe «Timbre de noche para avisar al médico», Benjamin afirma que la satisfacción sexual es como si liberase al hombre de su misterio, que no consiste en la sexualidad sino en un vínculo con la naturaleza, con la madre tierra. Suena paradójico, pero algo de eso hay. En lugar de relacionar el éxtasis de la satisfacción sexual con la idea de la disolución impersonal, Benjamin lo relaciona con el hecho de liberarse de un vínculo y, así, con originar un nuevo nacimiento a la vez que, por eso mismo, con el camino hacia la muerte. La sexualidad humana va más allá tanto de la reproducción, como de la satisfacción. Tal vez la satisfacción sexual ya esté siempre al servicio de otra cosa, que no es un retorno a la «naturalidad» pero sí una provisional y momentánea inmediación que no supera la esencia de la mediación, sino que la transforma. La satisfacción sexual, en el éxtasis, nos libra en el sentido de que es como si nos condujera más allá de la inmediación y de la mediación de la vida—de la inmediación de nuestro vínculo con la vida, y de la mediación o inquietud procedentes de nuestra afección—. Pero en lugar de plantear esta liberación en términos orgiásticos—de disolución de la individualidad—, se plantea como una especie de *transformación* hacia una situación todavía con más singularidad, donde se hacen del todo pertinentes categorías como nacimiento, personalidad y muerte. La satisfacción sexual nos llevaría a otra mediación.

Puedes tocar el timbre, pero no hay médico. No hay médico, ni remedio para nuestra situación. Y aunque se diese el caso de que un médico respondiese a nuestra llamada, ¿qué se le diría? El tópico: «esto ha sido muy bueno, pero ha durado muy poco», o, más precisamente: «la satisfacción no me ha instalado ni en el éxtasis inacabable ni en el aturdimiento». El sexo nos libera de un lazo, de una vinculación, para llevarnos hacia otra. El misterio de la vida humana es el misterio de la relación, de la singularidad abierta y relacionada (pasiva y apasionada). El deseo es la expresión más evidente de este misterio. Tal vez, en lo más recóndito, aspira a mantenerse en la tensión, es decir, en la vitalidad, en el misterio de la vida personal.

Anhelo de infinito por la afección infinita, que no aspira a ningún paraíso terrenal sino al *cielo* (alteridad-infinito). El misterio ya nos ha afectado. Podríamos decir que la persona espiritual es justamente la que responde a esta afección y no la disimula. Sólo quien cuida de la afección infinita mantiene una vida espiritual. Cuidado de una tendencia que es anhelo. Anhelo de algo que nos ha afectado pero que no tenemos. Hay un tipo de sociedad que aparca o que borra este deseo; una sociedad acomodada, fascinada por el consumo y dispuesta para una envenenada fuga hacia adelante. Pero deprimida. Paradójicamente, quien no responde a la afección infinita poco podrá aportar a la finitud del mundo.

EL DESEO Y LA IMAGINACIÓN

En el deseo hay un juego entre lo que puedes—y sentir que puedes es la voluntad—, y lo que—todavía—no puedes, y que hace esperar el mañana. El hoy, lo es del poder o de la impotencia, y el mañana, de la espera y de la imaginación. En el deseo, el sentir se intensifica a la vez que, en cierto modo, se aplaza, como si viviera por lo que aún no es. En cambio, la voluntad es una concreción sobre la tendencia. Estás tendiendo hacia y por eso decides conseguirlo y lo ves posible hoy o en un mañana que ya es hoy. Pero los logros de la voluntad no suponen nunca un punto final.

Ya sea por el aplazamiento, ya sea porque lo que deseamos es en parte indeterminado, tenemos el campo abierto para imaginarlo. La imaginación opera sobre la apertura del deseo, con la suerte de que tal operar ya es también placentero. Encontramos satisfacción en el juego, en las fantasías, en las vidas imaginadas… A veces, al leer una buena novela o al ver una buena película, «ya te sientes allí». La valía del arte y de la literatura se comprueba con su poder para hacer sentir aún más intensamente que la presencia del presente. Vivir sintiendo y deseando significa, también, vivir imaginando. La imaginación, en sus formas artísticas y poéticas, puede cuidar y mimar la vida. ¿Dónde está aquí la gracia? Evidentemente, tanto en el gozo de la creación como en el de la fruición que nos inunda. El arte nos puede hacer vivir más. Cuando la cultura no es cuidado de la vida, ¿es cultura? Cuando la cultura no intensifica la vida o no la aumenta, es una falsificación de sí misma.

Aunque puede serlo en determinadas ocasiones, por lo general la imaginación no es fuga. Lo cierto es que tenemos que imaginar nuestra vida, porque, de antemano, no hay ningún camino necesario y preestablecido. La imaginación franquea el hiato abierto por la ausencia de una finalidad dada o dogmática. Pero también permite vivir de alguna manera lo que no hemos vivido ni viviremos. Cuando el camino de la vida ya está avanzado, la imaginación puede irse hacia otras vidas, otros caminos, que quizá hubieran podido recorrerse. Y, desdoblándose, uno se ve allí. La ficción literaria es una forma de vivir otras vidas. El juego también tiene algo de eso; también el juego es función del deseo. Hay que imaginar la situación que el juego pide, y hacerlo con rigor. Por ello, sólo se puede jugar con los que se lo toman en serio. Los niños suelen ser los mejores jugadores. Y dicen que también los dioses lo son. Casi a la fuerza.

EL DESEO Y LA ASCÉTICA DEL DISCERNIMIENTO

Que el dinero o el poder suelan ser tan vorazmente buscados prueba con creces que la generación del deseo puede hacerse en muy mala dirección. Sabemos que hay deseos que en vez de intensificar la vida, la hipotecan. De ahí que, en consecuencia, haya surgido la ya clásica temática del *discernimiento* en la *cura sui*.

No se trata de anular los deseos en la ataraxia. Y no sólo porque ésta sea una empresa imposible, sino porque un alma sin ninguna tendencia o que disimula la conmoción es un alma que ha dejado de serlo: un alma desanimada, apática. Sin embargo, tal como aquí se está usando la palabra, ya vemos que *deseo* en ningún caso se identifica con el ansia ni con la agitación. El deseo es compatible con la paciencia, y con la serenidad, y con la sencillez del día a día. Con lo que en modo alguno concuerda es con el tedio generalizado o con la indiferencia hacia todo y todos.

Así pues, la ascética del discernimiento, si bien en algunos casos tiene que suprimir, por lo general se dirige a desplazar y a priorizar. La ascética consiste justamente en discriminar lo que merece la pena de lo que no. Por ejemplo: la multiplicación de los deseos no suele llevar a ninguna parte. Es verdad que aquí, tradicionalmente, se han precipitado demasiados juicios morales, hasta el extremo de considerar el placer como malo. Pero es justo lo contrario: no hay nada de malo en el placer. El problema no radica en los placeres, sino—como ya se ha dicho—en el dominio, la violencia, la explotación, la alienación y el vórtice consumista. Ahora bien, sin castigar, sin patologizar, lo cierto es que la desmesura acaba cansando; harta y a la vez nos vacía y nos reseca. Y vacía el mundo. El desecamiento del alma va a la par con el desecamiento del mundo: llenamos el mundo de desechos, y lo vaciamos de vida. Además, por si fuera poco, las formas de la alienación son clasistas: a los más pobres los lleva a la frustración, a muchos trabajadores a la inercia, y a los que merodean por el mundo de las «producciones culturales», al dandismo absolutamente superficial y derrochador de las cosas y de las instituciones. Los ricos, que acumulan sin cesar, se bañan en su leche y dilapidan el mundo.

En lugar de interpretar las virtudes en términos de constricción, de penalización o de contención, es más adecuado hacerlo en términos de ensanchamiento del horizonte vital. Varias filosofías, como el epicureísmo y el estoicismo, o religiones, como el cristianismo o el budismo, presentan una discriminación de los deseos, pero no su anulación. Aunque aquí el lenguaje puede confundirnos. Lo que en ningún caso se niega es la tendencia, el anhelo, la pasión profunda que el hombre es. Otra cosa es que se utilice la palabra *deseo* para referirse a esta tendencia o, al contrario, para referirse a lo que nos desvía de esta tendencia. Evidentemente, hay que evitar esa confusión terminológica. Que el estoicismo o el budismo pretendan la anulación de los deseos no significa, en absoluto, que se giren de espaldas al anhelo fundamental. ¿No es verdad que el monje budista quiere y busca la iluminación? Y esto no evita que se puedan hacer planteamientos paradójicos y decir, por ejemplo, que el Buda *quiere* apagar toda sed, incluso la de salvación, para que no sea freno para ella misma.

Ciertamente, se da un tipo de deseos que en lugar de intensificar la vida suele incrementar la frustración. ¿Por qué? Quizá porque se centran demasiado en la posesión, o en lo que tiene una aparición demasiado fugaz. A veces, es la duración del deseo lo que conviene tomar como criterio. Hay deseos que duran muy poco, tanto si se satisfacen parcialmente como si no. Y, en cambio, hay deseos que, con el tiempo, no sólo permanecen sino que incluso aumentan. De La Rochefoucauld señaló muy agudamente que mientras la ausencia destruye las pasiones débiles, aumenta las fuertes, al igual que el viento apaga una vela pero aviva el fuego. Los deseos que no merman y más bien maduran con la espera, generan mayor satisfacción y están en la línea de lo más fundamental.

Hasta tal punto somos deseo que, en alguna ocasión, esto tan específicamente humano lo podemos proyectar en todo. Tal como hizo Gregorio de Nisa mediante el concepto de *epektasis*, con el cual pretendía significar no un movimiento que acaba cuando se logra lo buscado, sino una tensión que siempre es tensión. Según Gregorio, la esencia última de la persona humana, y del mundo entero, sería *epektasis*. Y sí, a veces, podemos tener la impresión de que no sólo los humanos, sino también los demás animales y las plantas e incluso las piedras están en tránsito, y saludan cada uno de los días desde su aspiración particular. Por consiguiente, según Gregorio, la mejor actitud para el hombre es la *atención*. Esta experiencia y esta propuesta conceptual de un obispo de la Capadocia del siglo IV, enlaza sorprendentemente con reflexiones de Simone Weil cuando habla de un deseo que no puede ser satisfecho en nada ni reposar en ninguna parte. También Weil cree en la eficacia espiritual del deseo. Quien desea la verdad y pone toda su atención, entra en el reino de la verdad. El deseo de bien es generador de bien. El deseo de bien no es deseo de poseerlo, sino de desearlo. Del mismo modo que el amor no busca haber amado, sino, más bien, no dejar de amar.

Aun debiendo y sabiendo vivir el presente como regalo, no se puede desconectar este presente de la aspiración hacia el porvenir. Schopenhauer parece demasiado parcial cuando afirma que la forma de la vida es el presente. Nos conviene mucho saber celebrar el presente y, sin embargo, es propio de la vida humana no terminar nunca de coincidir (ni de satisfacerse) con el presente. El deseo hace que el presente difiera de sí mismo. El *quid* de la cuestión consiste en no plantear una alternativa falsa. Si bien es cierto que el anhelo fundamental supone vigilia y tensión constantes, también lo es que se puede disfrutar ya en el presente de una especie de *suavitas divina*, de una bonanza íntima en las cosas más sencillas de la vida, y otras no tan sencillas. En el vivir, que es *vivir de* (de cerezas, de olor a menta, de relaciones…), ya hay gozo, aunque el deseo que generamos, por la afección infinita, es deseo de infinito.

Si bien las aclaraciones suelen ponerse al principio, también es posible apuntar algunas al final. Además de *deseo*, se pueden usar las palabras equivalentes: *anhelo, pasión, tendencia, dinamismo* y *ayuntamiento*. En función del contexto y de la finalidad perseguida en la exposición, cabe priorizar una de ellas. Ahora hemos elegido *deseo*. Ha influido el hecho de tenerla desde hace tiempo asociada con la palabra cercana *considerar*. Mientras *considerar* (*considerare*) sería 'contemplar el astro' (*sidus*), *desear* (*desiderare*) sería 'dejar de verlo' y, por tanto, poder echarlo de menos. De dónde se desprende esta bella imagen: *desear en cuanto echar de menos la estrella*. Con un matiz importante e imprescindible: echar en falta una estrella muy particular, en cuanto que nunca vista. Echar de menos no por una carencia, sino por una afección. Desear: anhelar la estrella aún no vista que, sin embargo, ya nos ha afectado. Muy profundamente nos ha estremecido y muy profundamente hemos generado el deseo. Esto es la vida.

IV
EL PARAÍSO IMPOSIBLE

> No me gusta el Paraíso
> porque es domingo, todo el tiempo,
> y el Recreo... nunca llega.
>
> EMILY DICKINSON,
> poema de 1862

En el paraíso imposible no había vacas. No las había porque, aun siendo importantísimo y sagrado en algunas culturas, se trata de un animal *domesticado* que asociamos inmediatamente con la leche. Vaca es leche: vacas lecheras. Pero, para que den leche hace falta esforzarse mucho. Una vez que una vaca ha parido, hay que ordeñarla dos veces al día, sin excepción ni vacación alguna (esto, naturalmente, antes de la tecnificación). Estas cosas van juntas: vaca, leche, trabajo. Sin embargo, puesto que la carga del trabajo monótono y pesado no formaba parte del paraíso, hay que concluir que en él no había vacas lecheras. De hecho, allí la domesticación estaría de más porque todas las necesidades estaban perfectamente cubiertas. Y la vaca se domestica para servirse de ella como animal de tiro, para abastecernos de su leche o, una vez sacrificada, para alimentarnos de la carne y, con el cuero de la piel, confeccionar abrigos y zapatos. Obviamente, todo esto es anecdótico y lo importante no es lo que había o dejaba de haber en el paraíso imaginado, sino *cómo* podría ser allí la vida humana. La hipótesis que aquí se maneja es que, si bien se mira, *mejor no estar ni en el paraíso ni en la tarde inacabable del último domingo de la historia*. Ambas situaciones se nos revelan igualmente inhóspitas y asfixiantes, amén de imposibles.

La lógica a que responde la mítica paradisíaca y sus variantes es bastante sabida: para pensar la condición humana se pretende salir de ella reconstruyendo una situación inicial *antes de la caída* (Génesis), llamada «paraíso», o una situación previa a la propiedad privada y al contrato social, denominada «estado de naturaleza» (Rousseau), o una situación utópica o *posthistórica* que se daría cuando la historia se hubiese completado (Hegel-Kojève). En todos los casos se quiere pensar un inicio absoluto o un final definitivo y perfecto para hacer más inteligible *nuestro intermedio y nuestro mientras tanto*. Paradójicamente, este hipotético absoluto sólo puede ser entendido a partir del intermedio y de las afueras que son nuestra condición. Y reiteradamente la imaginación choca y se va al traste en el intento. Sin embargo, todo este ingente trabajo figurativo sobre inicios y sobre finales no es en vano y de él es posible extraer alguna buena lección. Se trata de variaciones imaginativas que de repente nos permiten adoptar perspectivas inusuales desde las que algunos elementos de nuestras afueras se nos aparecen bajo una luz diferente. Pero la principal lección es más general: nos percatamos de que la condición humana no se tiene que pensar a partir de la idea de *plenitud* (idea que opera en la especulación edénica y posthistórica) sino a partir de la intemperie de las afueras y de la afección infinita. Por eso, aun sabiendo celebrar en la mítica paradisíaca una de las creaciones poéticas más geniales de todos los tiempos, también advertimos en ella una connotación solapadamente perturbadora.

SOBRE EL PARAÍSO EDÉNICO

Para evitar equívocos, vaya por delante el reconocer y confesar que prestando tanta atención al paraíso edénico, hacemos una pequeña trampa, porque es como centrarse en la tangente. Los redactores del Génesis bíblico tenían como finalidad explicar la situación de mal y de sufrimiento del mundo, y por ello idearon el dispositivo de plenitud y pérdida, de paraíso y caída. Mientras que ellos describen brevemente la plenitud para pasar muy deprisa a la pérdida, ahora aquí nos entretenemos en la supuesta plenitud, como si eso fuera lo más importante. En realidad, el texto bíblico que habla del paraíso es muy conciso, y fueron sobre todo los teólogos medievales los que dieron rienda suelta a su imaginación, no siempre conscientes del peligro que eso suponía. En resumen, los aspectos más problemáticos que emergen al describir la perfección son tres: el relativo a la pasión y a la sexualidad, el relativo al ocio y la vida regalada—sin la penalidad del trabajo—y el relativo al conocimiento. Son aspectos de la perfección que, sin embargo, se descubren muy inquietantes. Lo problemático de la ausencia de pasiones o de un control total sobre ellas—que en la práctica equivale a su anulación—, es una vida sin la experiencia de la conmoción y de la emoción; una vida sin vida. La ausencia de trabajo nos permite acabar viendo que se trata de una actividad cuyo sentido no se reduce exclusivamente al de ser un medio para sobrevivir. Falta de trabajo y falta de pasión convergen en el aburrimiento inacabable. Finalmente, la ausencia o casi ausencia de conocimiento crítico o de pensamiento se traduce en el aspecto superficial, casi banal, de los habitantes paradisíacos.

Todo esto se puede «comprobar» tanto a partir de los comentarios que Agustín de Hipona y Tomás de Aquino realizan sobre el paraíso terrenal, como de las digresiones que un intrépido hegeliano contemporáneo articuló sobre la inminente posthistoria.

En un texto titulado *Del Génesis a la letra*, comenta Agustín que muy probablemente en el Edén ya se tenían relaciones sexuales y se engendraban hijos, pero añade que tales relaciones estaban liberadas del «desordenado ardor de la concupiscencia».[1] El paraíso edénico ocupaba una extensión limitada y Agustín presupone que allí nadie moría pues todos sus habitantes comían del árbol de la vida. Por eso cree que el plan divino debía de ser el siguiente: que las personas vivieran allí y tuvieran hijos hasta llegar al tope. En ese momento, y considerando la buena conducta generalizada, Dios obraría en todos los humanos un cambio de su naturaleza animal a otra espiritual para poder pasar, así, y sin el suplicio de la muerte, a una situación totalmente distinta: la Gloria—o paraíso celestial, que ya nada tiene que ver con el terrenal, y que es inimaginable—, donde ya no serían necesarios ni alimentos ni nada propio del cuerpo. Según Agustín, si Adán y Eva no hubieran pecado, los acontecimientos hubieran seguido este curso: del paraíso terrenal, con feliz existencia mundana, a la Gloria, con celestial vida perdurable.

Recreémonos un poco más en la hipotética situación inicial descrita por Agustín. El acto sexual era pulcro porque el hombre dominaba todos los movimientos del cuerpo, incluido el de los genitales. La fórmula era ésta: hacer el amor sin ardor y parir sin dolor. También en estos inicios se entiende que pudieran ir desnudos sin sentir vergüenza, puesto que nada de su desnudez tenía que rubo-

---

[1] San Agustín, *Obras*, vol. XV, trad. Balbino Martín, Madrid, BAC, 1957, p. 1015.

rizarlos. Todo bajo control, voluntario y en el momento que tocaba:

> Dios nos libre de creer que en tal facilidad de mandato y en tamaña felicidad los hombres no podían engendrar hijos sin el morbo de la libido. Esos miembros, como los demás, se movían al arbitrio de la voluntad.[2]

Tomás de Aquino, para caracterizar la misma situación, habla de *integridad*, entendida como plena ordenación de lo inferior a lo superior, de lo sensible a lo racional. Cree que mientras en nosotros aparecen inclinaciones indebidas que arrastran a la voluntad, en el Edén esto no pasaba nunca. La mayor parte de nuestros problemas derivan del aguijón de la concupiscencia (apetito sensible), pero dado que en el paraíso este apetito estaba plenamente ordenado por la voluntad, la *impasibilidad* reinaba espontáneamente. Según Tomás, la pasión en sentido restringido se refiere a las mutaciones que perturban al sujeto humano (miedo, tristeza, dolor...). En el estado paradisíaco de inocencia, estas pasiones no se daban. También Tomás se detiene en el tema del acto sexual y se pregunta «si en el estado de inocencia habría generación por coito».[3] Ahora bien, dado que engendrar por coito es propio de la naturaleza animal de los humanos, el sabio de Aquino, que tanta importancia da a todo lo que es por naturaleza, no puede negar que en el estado de inocencia se practicara este acto. Pero enseguida añade lo mismo que Agustín: que en ningún caso

---

[2] San Agustín, *Obras*, vols. XVI-XVII, *La ciudad de Dios*, Libro XIV, cap. 26, trad. José Morán, Madrid, BAC, 1958, p. 982.
[3] Santo Tomás de Aquino, *Suma Teológica*, III, q. 98, a. 2, trad. Manuel Ubeda, Madrid, BAC, 1959, p. 675.

tal circunstancia estaba acompañada de movimientos y espasmos extraños; los miembros se movían sometidos enteramente a la voluntad, sin ardor y con serenidad. Y, sí, había gozo, pero sobrio.

Todas estas divagaciones llevan a concluir que cuanto más se habla, peor. Cuanto más quiere explicarse la hipotética situación inicial, más áspera y engorrosa deviene. Escójase lo que se escoja, el asunto va estropeándose, como, por ejemplo, en el tema de la alimentación. En el paraíso imposible no había vacas, pero sí leche y miel. Leche materna y miel en los huecos de los árboles. En cada estación maduraba una gran variedad de frutas que colgaba de los diferentes y espléndidos árboles. Los habitantes del Edén comían apenas tenían la más minúscula sensación de hambre. La abundancia alimentaria, junto con el disfrute de un clima suavemente cálido y constante, eran la razón del régimen vegetariano. Nadie tenía menester ni de la piel ni de la carne de los animales que, mansos unos y algo más salvajes los demás, convivían con los humanos. Todo redondo. Pero entonces Tomás se pregunta si hacían de vientre. Y naturalmente la respuesta debe ser afirmativa. ¿Y ahora qué vamos a hacer?; ¿qué tipo de letrina cabe imaginar? Tomás dice que se hacía de tal manera que «no había indecencia alguna en ello».[4] ¡Pues vaya uno a saber!

Todo guiado por la inteligencia y la voluntad, sí. Pero, he aquí que, en este ambiente tan pulcro y perfecto, se percibía algo perturbador. En el rostro contento de Adán, y de todos sus vecinos, se insinuaba un desasosiego incipiente y contenido. Eran las seis de la tarde de un domingo.

---

[4] *Ibid.*, q. 97, a. 3, p. 668.

LA POSTHISTORIA O EL DOMINGO DE LA VIDA

El principal artífice contemporáneo de la idea del final de la historia se llama Alexandre Kojève, personaje de una enorme influencia en la filosofía del siglo XX. La expresión «el domingo de la vida» la puso en circulación Raymond Queneau, discípulo y amigo de Kojève y reconocido literato francés. Fue Queneau quien la eligió como título de una de sus novelas más conocidas. El domingo de la vida es la forma literaria de hablar de la supuesta dulzura una vez la historia ha llegado a su punto más álgido y, por tanto, se ha acabado, en el sentido de que se ha completado.

Kojève nació en Moscú en 1902. Era sobrino del pintor Vasili Kandinski. Perdió a su padre cuando sólo tenía tres años. Para «buscarse la vida», abandonó su país bastante joven, cuando ya había sido encarcelado por tráfico de jabón en el mercado negro. Primero emigró a Polonia, donde también fue detenido bajo sospecha de espionaje, y después de viajar a Italia, se instaló durante cierto tiempo en Alemania, donde estudió filosofía con Karl Jaspers y escribió su tesis doctoral sobre la filosofía religiosa de Soloviov. En una entrevista concedida poco tiempo antes de su muerte, recuerda:

Perdí el tiempo aprendiendo sánscrito, tibetano y chino. El budismo me interesaba por su radicalismo. Es la única religión atea. Pero profundizando más, me di cuenta de que iba por el camino equivocado. Comprendí que algo había pasado en Grecia, hacía veinticinco siglos, y que esto era la fuente y la clave de todo. Allí fue pronunciado el comienzo de la frase.[5]

---

[5] Entrevista con Gilles Lapouge: «Les philosophes ne m'intéressent pas, je cherche des sages», *Quinzaine Littéraire*, n.º 53, 1968.

Hacía falta saber el final. Y esto es decisivo: Kojève hace como si la historia de la humanidad fuera similar a una frase, y también la vida de una persona—justo lo contrario de la convicción que guía este ensayo: que si somos una frase, es muy extraña, porque tiene inicio pero el final, si lo hay, es mucho menos claro de lo que parece—.

Se fue a París, donde se dedicó básicamente a vivir bien y a distraerse. Kojève mostraba una extraordinaria capacidad para la seducción, y así comenzó una aventura de consecuencias muy determinantes. Kojève cautiva a la mujer del hermano de Alexandre Koyré—filósofo de reconocida autoridad en los círculos académicos de aquel entonces—. Toda la familia de Koyré estaba preocupada, y su mujer le pidió que hablase con el joven implicado para aclarar la situación y para tratar de salvar el matrimonio entre su cuñada y su cuñado. No sin reparos, Koyré accedió. El resultado de la entrevista fue sorprendente. El profesor Koyré volvió maravillado: «Este joven es mejor que mi hermano; entiendo a mi cuñada…», le confiesa a su mujer. De todo el revuelo nació una estrecha amistad entre Kojève y Koyré. Pocos años después, cuando Koyré fue designado para un cargo en El Cairo, pidió al joven Kojève si quería sustituirlo para impartir un seminario en la École des hautes études de París. Éste fue el origen del famoso seminario de Kojève sobre la *Fenomenología del Espíritu* de Hegel, que tenía que durar un semestre de 1933, y que, sin embargo, se prolongó durante los seis años siguientes.

Al principio Kojève era un desconocido, pero muy pronto corrió la voz y por aquel seminario pasó una larga serie de individuos que en el futuro se convertirían en figuras de renombre en el mundo intelectual francés y europeo: Alexandre Adler, Raymond Queneau, Roger Caillois, Gaston Fessard, Georges Bataille, Jacques Lacan, Éric Weil, Raymond Aron,

Maurice Merleau-Ponty, Aron Gurwitsch, Pierre Kaufmann, André Breton, Jean Hyppolite, etcétera. Kojève continuaba ejerciendo sus extraordinarias dotes de seducción, pero ahora no en las noches parisinas sino en el ámbito académico. Deslumbraba como si fuera un mago. ¿Y qué enseñaba? Pues que la historia se detiene cuando el hombre ya no actúa en el sentido propio del término, es decir, cuando ya no niega más; cuando ya no transforma lo dado —natural o político—. Y el hombre no niega cuando la realidad le satisface plenamente. Ahora bien, si el deseo fundamental del hombre es el de reconocimiento, la completud de la historia por fuerza debe coincidir con el reconocimiento de todos. Según Hegel y Kojève, este reconocimiento sería el que se daría en el Estado postrevolucionario; Estado de derecho que realizaría formalmente la libertad y la igualdad.

Al final de la historia, el filósofo se vuelve sabio, y el sabio no es sino el «filósofo de Estado». Kojève ha decidido que, entre Platón y Hegel, tiene razón este último. El desacuerdo entre ambos surge al preguntarse si el filósofo puede alcanzar la sabiduría. Platón responde que no; Hegel, que sí. Y es al final de la historia cuando el sabio puede colocarse al lado del hombre de Estado, con la misma tarea: la extensión pragmática de la racionalidad. Ahora bien, el sabio no es ya propiamente humano en el sentido que lo era el hombre histórico. Es, más bien, un dios cuya inmortalidad consiste en su sabiduría, es decir, en el cumplimiento del saber. Pero los sabios son pocos. Y el resto de personas sigue otras vías. Es aquí donde se inserta la pregunta sobre qué pasará con el hombre al fin de la historia. ¿En qué se convertirá? O, tal vez, ¿en qué se está convirtiendo ya? Parece que los seres humanos se transformarían en mansas bestias que pasarían el tiempo entregándose al arte, al deporte y a hacer el amor. Si bien al principio parecía que el porvenir posthistórico traería consigo un sujeto humano libre y racional, la mirada penetrante de Kojève descubre indicios de un retorno a la animalidad. En efecto, la consumación de las tareas humanas puede coincidir con la decadencia de la humanidad, con la rebarbarización o con la reanimalización del hombre. O bien, como alternativa, también podría darse una especie de esnobismo conductual: una vida todavía humana pero vacía de todo valor, que en lugar de practicar un consumismo huracanado y torpe, adoptase un estilo lúdico disfrutando superficialmente de la pintura, la música, el cine, el teatro y el erotismo. Entonces, la verborrea animalesca se sustituiría por silencios intelectualoides combinados con ocurrencias aparentemente cultas y alguna opinión frívola sobre la fealdad de los rezagados que aún permanecerían sudando la camiseta en la lucha histórica.

En medio del panorama así esbozado, Kojève debía considerarse o bien como un esnob o bien como un dios. En este segundo caso, sin embargo, no por exhibir atributos como el de la omnipotencia o de la majestuosidad, sino más bien otros como los de la ironía y del juego. En público, a menudo decía: «mi colega», y se refería a Dios. Seguro que más de uno pensó que Kojève había perdido el oremus. La anécdota que le contó a un amigo suyo es todavía mejor: «Le digo a mi secretaria que soy un dios, y ella sonríe». Y en la mencionada entrevista declaraba:

Es verdad que no se puede acceder a la sabiduría más que si se cree en la propia divinidad. Pero la gente sana de espíritu es rara. ¿Qué significa ser divino? Podría tratarse de la sabiduría estoica o del juego. ¿Quién juega? Los dioses. Como no tienen obligaciones, juegan. ¡Son dioses holgazanes!

Ciertamente, conviene recordarlo: ¿qué hacen los dioses?; ¿qué pueden hacer? Tienen todo el tiempo y por ello están obligados a encontrar maneras de distraerse. Una de estas maneras es el juego. Los dioses juegan, juegan a dados, por ejemplo. ¿Holgazán? Holgazán es el que no quiere trabajar o el que se acostumbra a no hacerlo. Pero, de hecho, el trabajo propiamente dicho desaparece al final de la historia. Entonces, ¿cómo se puede hacer para no ser holgazán? Eso sí, seguramente puede haber una disposición vital—por decirlo de alguna manera—.

Soy holgazán. Escribí este libro [*Ensayo de una historia razonada de la filosofía pagana*] hace ya 18 años, porque estuve enfermo un año entero, me aburría y lo dicté. Lo consideraba parte de mis obras póstumas, pero Queneau y Gallimard insistieron. Hace 4 años escribí otro volumen pero dudo en publicarlo, ¿por qué? Soy holgazán y me gusta jugar... como ahora, por ejemplo.[6]

Esto es lo que declara Kojève al desconcertado entrevistador.

Muere en 1968, en Bruselas, de un ataque al corazón mientras participaba en una reunión de alta política. No lo hemos dicho antes: al acabar la guerra, Kojève comenzó a trabajar para el gobierno francés; al cabo de poco tiempo, acumulaba ya mucho poder y autoridad, y fue uno de los artífices de la Comunidad Económica Europea. Parece ser que, al enterarse de su muerte, Lacan—uno de sus alumnos en el famoso seminario—se presentó en su domicilio en París, y se llevó un ejemplar de la *Fenomenología* con anotaciones manuscritas. Auffret—el biógrafo de Kojève—sos-

---

[6] «Les philosophes ne m'intéressent pas, je cherche des sages», *Quinzaine Littéraire*, n.º 53, 1968.

pecha que también se llevó un original sobre Hegel y otro sobre Freud. Los sabios son escasos y la originalidad también; mientras que Kojève andaba sobrado de ella, Lacan debía de pasar por momentos de carestía.

En 1999 el rotativo francés *Le Monde* publicó una noticia desconcertante. Dos fuentes bien documentadas probaban que Kojève había sido durante más de treinta años espía soviético. Detrás del filósofo intérprete de Hegel y detrás del europeísta pragmático y efectivo, se escondía un agente ruso. Pero esto no significa que el europeísmo de Kojève fuera sólo una máscara. A menudo las oposiciones se dan únicamente en la superficie y en el fondo se desvanecen. Kojève era ambas cosas a la vez: europeísta y agente de la KGB. Probablemente, Fukuyama—que se hizo famoso reproduciendo la idea de Kojève en 1989, a raíz de la caída del muro de Berlín—no sospechaba que Kojève fuera un agente soviético. ¡El funcionario del gobierno estadounidense orientado filosóficamente por un espía comunista! Ironías de la historia, o de la posthistoria. Y satisfacción póstuma para un dios juguetón.

EL ABURRIMIENTO

En efecto, ¿qué hizo Kojève para no aburrirse? Jugar, como los dioses, pero también como los niños. Jugó hasta el límite. Seductor, profesor de filosofía, diplomático, espía... ¿Qué pueden hacer los dioses para pasar el tiempo más que jugar? Pero no todo el mundo se cree divino ni es capaz de jugar de esta manera.

Hay trabajo que en sí mismo, y con el esfuerzo que conlleva, tiene sentido. Tiene sentido hacerlo, tiene sentido terminarlo y tiene sentido descansar de él. Obviamente, hay trabajo insensato y alienador. Hay ocio placentero, paréntesis del trabajo, dedicado a la diversión, al juego, o a la contemplación... Pero hay un ocio que decae en aburrimiento y en tedio. Y tedio es la mínima vitalidad, la mínima pasión, la mínima ilusión. No es la muerte, pero sí la difuminada sombra de la nada. Y tal sombra está presente tanto en la escena edénica como en la posthistórica; es una sombra que aparece *muy especialmente* en las hipotéticas situaciones de plenitud.

En el paraíso no había trabajo, ni esfuerzo, ni pena. Tal vez sus habitantes tendrían la suerte de poder cuidar de los árboles frutales, de la misma manera que hoy se puede cuidar de un jardín: dedicación agradable y para pasar el rato. Cultivar el jardín edénico también sería ocasión para meditar sobre la grandeza de Dios, al observar cómo de las minúsculas semillas nacen las plantas y los hermosos árboles, y cómo éstos dan la dulcísima fruta. También habría un sentido alegórico en tal dedicación paradisíaca procedente del paralelismo entre cuidar el jardín, cuidar el cuerpo y cuidar el alma para que vayan a mejor y no se echen a perder. No va bien dejar de regar, comer mal o seguir un mal consejo. Vivir sería cuidar y cuidarse, ya en el Edén.

Pero de lo que hay que tratar no es de este leve y bienvenido quehacer, sino de un ocio carente de satisfacción y de sentido, cuya sombra desplaza el gozo de la vida y termina siendo no la sombra sobre algo, sino ella misma el centro de todo. Quizá cuando todo se tiene, cuando parece que ya nada falta, cuando se diría que todo es luz y perfección y que ya estamos en el paraíso terrenal, entonces, *algo pasa*. Entre otras muchas obras literarias, esta idea la podemos encontrar incisivamente reflejada en algunos fragmentos de *Julia, o la nueva Eloísa*, que es una extensa novela epistolar de Rousseau. En una de las cartas, ya avanzada la obra, la protagonista le describe a su amado el estado de felicidad en que se halla: sin rivalidades ni problemas, habiendo conseguido todo lo que quería, sin nada más para imaginar ni para desear.[7] Pero, paradójicamente, algo extraño se produce en esta comodísima situación, que resulta perturbada por una punzante inquietud. Una vez reconocida y saludada la plenitud feliz, se siente un desasosiego que emerge del corazón: «Soy muy feliz; la felicidad me aburre. ¿Conoce algún remedio para esta desgana del bienestar?». De hecho, ella ya había extraído la lección al darse cuenta de que sin ningún deseo se es infeliz: «Se disfruta menos de lo que se obtiene que de lo que se espera, y no se es feliz sino antes de ser feliz». Y aún: «Vivir sin pena no es estado del hombre; vivir así es estar muerto. Aquel que lo pudiera todo, sin ser Dios, sería una criatura miserable, porque estaría privado del gusto de desear».

Rousseau aprovecha la ocasión para referirse a la temática clásica del aburrimiento con respecto a la soledad del tirano y del déspota: «Aspirar a déspota es aspirar a morirse de aburrimiento», y encima haciendo sufrir a los demás. El tirano aspira veladamente a morirse de asco, pero he aquí que, en el intento, fastidia y maltrata a la gente. Cargado de razón, y con mala conciencia por haber participado de ella, abandona don Quijote la enfermiza ociosidad de la nobleza. Podríamos proseguir: seguramente la violencia tiene más de una fuente, pero el aburrimiento de tiranos, déspotas y poderosos de todas las épocas es una de ellas. Sin embargo, el aburrimiento no afecta sólo a las elites. Hoy la violencia se alimenta de desesperados (por la miseria y por la marginación social), pero también de aburridos, que son una clase muy peculiar de desesperados.

---

[7] Jean-Jacques Rousseau, *Julia, o la nueva Eloísa*, trad. Pilar Ruíz, Madrid, Akal, 2007. Véase especialmente la carta octava de la VI parte.

Naturalmente, siempre puede pasarse un rato aburrido, que incluso puede ser saludable. Pero ahora estamos hablando del aburrimiento que impregna la vida de cabo a rabo. Por eso, el juego de los niños es ya metafísico; incrementa la alegría de vivir a la vez que apacigua la amenaza de la finitud que pronto empieza a notarse en el paladar infantil. El niño ve la posibilidad de ser feliz con el juego. Abandonarse a la inercia es ir hacia el aburrimiento, el mal humor y la angustia. El aburrimiento va con la fuerte disminución del deseo, de la vida, de la tensión, y da paso a una especie de tendencia mínima sin ningún tipo de orientación, sin objeto ni objetivo. Es la inquietud mínima hacia nada; es el apetito inapetente; las ganas desganadas. Tendencia frustrada, tendencia desolada, tendencia sobre la cual ha caído la niebla de la nada. Tendencia desvanecida, o tendencia a la antitendencia. Apatía.

Mark Twain, en su irónica y sagaz obra *Diarios de Adán y Eva*, cuenta que, muy pronto, lo que a Adán le costaba más era pasar los domingos, precisamente porque aun cuando entre semana había pocas cosas que hacer, el domingo no había ninguna. Kierkegaard, en el texto *O lo uno o lo otro*, insiste en lo mismo: primero se aburría Adán, luego Adán y Eva, y Caín y Abel; después poblaciones enteras se aburrían. Por esto construyeron la torre de Babel. Y cada vez caían de más arriba. De Kierkegaard, precisamente, se puede tomar la distinción entre ociosidad y tedio. Se suele decir que la ociosidad es la madre de todos los males y la pereza la de todos los vicios, pero si se hila más fino se ve que el monstruo terrible es el tedio. Según Baudelaire este monstruo «Con agrado convertiría la Tierra en un escombro | y en un bostezo tragaríase el mundo».

Ociosidad y tedio no coinciden. Puede haber una ociosidad placentera, que sea un paréntesis del esfuerzo del trabajo. En cambio, el tedio es el aburrimiento que apaga la vida, y lo mismo puede afectar y hacer degenerar tanto la diversión como el trabajo. Todo lo afectado por el tedio se vacía sustancialmente, y deja de latir y de vibrar. El tedio, dice Kierkegaard, es el «panteísmo demoníaco»: una vez te pilla y te absorbe, cuesta muchísimo librarse de él.

Así pues, el aburrimiento-tedio es como una enfermedad, que disminuye la vida, la vitalidad. Una especie de cansancio del vivir. No se aburre nada en concreto, sino todo y nada. Así que ya no se desea nada, no se anhela nada, no se siente casi nada… Nada nos gusta, nada nos hace disfrutar, nada nos tensa, nada nos hace esperar. Mientras la intensificación de la vida tiene que ver con el compartir, en el aburrimiento éste resulta imposible: en él se está absolutamente aislado, y de esta manera se descubre la inesperada complicidad entre panteísmo y solipsismo.

Lo podríamos resumir así: la vida humana es una articulación de mediaciones y de inmediaciones. El trabajo, el deseo, el pensamiento, la esperanza… son mediaciones. La satisfacción intensa y el descanso, inmediaciones. La plenitud la imaginamos como una serie de inmediaciones, y he aquí que, por eso mismo, resulta asfixiante y, literalmente, desesperada. La plenitud imaginada, inmediación sin mediación, es inhumana. Afecta a los que parece que lo tienen todo: reyes y dioses. Como decía Alain, «los dioses, si existen en algún lugar, deben de estar un poco neurasténicos». De ahí que puedan llegar a envidiar los deseos, las pasiones y las aspiraciones de los mortales. La felicidad necesita algún tipo de aspiración; requiere de la generación del deseo y de la acción. Afortunadamente, en las afueras queda siempre mucho trabajo por hacer. A veces no lo parece, porque el bienestar provisional y la propaganda de la inmediación nos aturden. Ante lo mucho que queda por hacer, se trata de empezar: empezar la política del medio palmo, empezar a leer, empezar a caminar, empezar a escuchar música, empezar a ordenar… y seguir la frase de la vida, sabiendo que lo seguro es que tiene inicio. La acción engendra futuro. Te pones a ello—lo que sea, pues lo que cuenta es empezar—y el mismo efecto inacabado, por inacabado, parece como si tirara de ti y te indujese a proseguir. No hay nada mejor que comenzar para proseguir. A veces cuesta—por indecisión, por pereza, por la dificultad intrínseca del asunto…—, pero una vez dado el primer paso es como si el viento soplara ya a favor y, en algún momento, como si pudieras navegar a toda vela. Ocurre, además, que recordamos mejor el trabajo inacabado, la obra incompleta, que las operaciones finiquitadas, los problemas resueltos o los temas archivados.

Para concluir: la vida paradisíaca es inimaginable, como el noúmeno kantiano. Todo intento de consumarla está destinado al fracaso, por lo menos parcial. Los esbozos sobre la idea de plenitud conducen a lo contrario de lo que se procuraba. La imaginación paradisíaca, queriendo intensificar la vida, por el contrario, la hace desaparecer. En el paraíso, no hay ni pasión, ni filosofía, ni vida. De aquí que la vida humana se de en las afueras del paraíso imposible.

ADENDA: LA DIFICULTAD DE LA EXISTENCIA
NO ES UNA ENFERMEDAD

Si la vida es pasión y deseo, y si la situación es la de las afueras, conviene ser cuidadosos y no patologizar más de la cuenta, ni contribuir a hacernos sentir frustrados o incluso culpables. Aunque suena a paradoja, la auténtica mirada médica patologiza poco mientras que, en cambio, su degeneración no deja de hacerlo. La mirada médica es la más atenta a la condición humana de vulnerabilidad y afectabilidad. Sabe que todos los equilibrios son precarios y que la plenitud no es de este mundo. La mirada médica no presupone paraísos y por esta razón es más propiamente humana. Los extensos listados de trastornos mentales no provienen de esta mirada, sino, en parte, de malas definiciones maximalistas y de una incomprensión de la vida.

La expresión «mirada médica» es usada por Flaubert en una carta donde crítica la novela *Graziella* de Lamartine. Allí dice: «El autor no tuvo la mirada médica de la vida, aquella visión de lo verdadero que es el único medio para conseguir los grandes efectos de la emoción». Según Flaubert, la mirada médica es la que da grandeza a la narración porque capta la pasión de las personas. Resulta curioso, inspirador y digno de alabanza que a esta mirada la llame precisamente «mirada médica». Tanto en el médico de vocación como en el filósofo, hay una mirada que capta el abismo y que ve que la patología no lo es todo. La mirada médica percibe la pasión de la vida; el hecho de que la vida es sufrimiento y gozo, pesadumbre y satisfacción. Por ser portadora de semejante empatía, la mirada médica es condición de la buena literatura.

Hay que ampliar el sentido de lo médico y restringir el de lo patológico. Para tal fin resulta muy oportuno aclarar un término. De la palabra griega *pathos*, que significa lo que se sufre o se siente (sentimiento, pasión, afección), se hizo derivar, ya con una significación restringida, *patología*, para indicar el estudio no de lo que nos afecta en general sino sólo de lo dañino, es decir, de las afecciones que provocan desórdenes, perturbaciones, males. Así, vemos que hay afecciones-pasiones que celebramos, como el enamoramiento; hay afecciones-pasiones que son propias del sentirnos vivir, como la tristeza o la angustia, que hay que afrontar, sin necesidad de considerarlas una enfermedad; y hay, finalmente, afecciones-pasiones que nos hacen daño, como las infecciones o los traumatismos, que la patología estudia para tratar de curar.

La mirada médica, pues, sabe que conviene ampliar el sentido de lo médico y restringir el de lo patológico; que conviene denunciar la patologización de la vida (antipsiquiatría y medicinas alternativas, incluidas); que *la dificultad de la existencia no es una enfermedad*; que «el hombre no tiene remedio»; y que vivimos en las afueras. Naturalmente, la mirada médica no está restringida a ninguna profesión.

Ampliar el sentido de lo médico y restringir el de lo patológico significa no mirar al otro buscando ya desde un principio el problema que tiene. El auge de las medicinas alternativas no ha mermado esta manía, sino más bien al contrario. Por todas partes hay terapeutas ansiosos por instruirte sobre tus problemas. Protagonistas de miradas que patologizan la vida. Alternativos a la medicina oficial que, sin embargo, incrementan la desmesura por el otro lado. El psicoanálisis y sus herederos han sido la vanguardia de esta patologización. ¡Pobre Edipo, si hubiera sabido que además de la terrible tragedia que, según la leyenda, le tocó vivir, todavía, por si fuera poco, tendría que ver su nombre vinculado a un «complejo»!

La dificultad de la existencia no es una enfermedad. Por ello, el hecho de cuidar a alguien no necesariamente presupone que esté enfermo. El hortelano cuida las plantas aunque ninguna plaga las azote. Lo mismo, pues, con respecto a nosotros.

Tener presente que la dificultad de la existencia no es una enfermedad ahorraría diagnósticos sesgados y malas prácticas. La dificultad tiene que ver con la vulnerabilidad esencial, que nos pone a merced de la intemperie física y metafísica, pero también tiene que ver con el miedo que a veces sentimos ante la sima de nuestra propia libertad. La mirada médica observa las afecciones que hacen daño y procura remediarlas. Pero *también* observa la dificultad de la existencia y procura ayudar, sin poner más etiquetas de la cuenta. La mirada médica coincide con la filosófica, que es a la vez cuidado de uno mismo y de los demás. Filosofía, cuidado del alma y mirada médica devienen equivalentes.

Hay remedios y medicinas y tratamientos, todo en plural, que van bien para determinadas situaciones y afecciones, pero no existe el remedio para la vida. Eso quiere decir que, a veces, si uno no se encuentra bien, es necesario que busque algún remedio concreto, pero otras veces, al notar que lo que se da procede de las afecciones esenciales de la vida, lo que conviene es otra cosa: sobre todo, comprender que ésta es la situación fundamental. Situación que, en el mejor de los casos, se debe poder expresar con palabras. Afortunadamente, desde la tragedia griega hasta el existencialismo contemporáneo, la tradición occidental ha ido acuñando suficiente vocabulario para hacerlo. Sin embargo, ahora parece que a los estadounidenses, y cada vez a más europeos, les faltase lenguaje para expresar la dificultad de la existencia, y en consecuencia tanta frustración, tanto malestar y tantas pastillas. Hay déficit de palabras para expresar y, aún más, de palabras acogedoras para curar.

Dicho de otro modo: hay que suministrar medicinas y remedios cuando procede, cuando, de alguna manera, funciona el esquema causal. Pero he aquí que en la vida humana no siempre se puede aplicar este esquema. El sentido de la vida no es algo. Esto implica que no siempre se puede explicar lo alto a partir de lo bajo, ni el todo a partir de las partes. No siempre hay algo *detrás* de unos síntomas. El sentido de la vida no es un «algo»; no es algo que pueda asimilarse a una causa material u orgánica. Es orientación, anhelo o deseo de la propia vida. A veces se busca la causa de que alguien esté triste, o de que le cueste trabajar, o de que no tenga relaciones sociales, o de que se sienta angustiado... Pero ¿y si no hay causa?; ¿y si lo que está en liza es el sentido?; ¿y si más que explicación lo que hace falta es orientación? Si explicar se entiende como encontrar la causa de algo, a veces hay que *detener la explicación*. No nos podemos explicar. En el fondo, y quizá afortunadamente, no nos podemos explicar.

La torpe mirada patologizadora procede del paraíso imposible. En cambio, la mirada médica emerge de las afueras. La mirada médica es compasiva y auténticamente solidaria, y de ella brotan las palabras benéficas: «Abrígalo con las palabras de tu voz así como otros vendan sus heridas», escribe John Berger en la novela *G*. Mirada médica y palabras curadoras son propias de las buenas personas, de las personas magnánimas. En todos los rincones de las afueras hay personas de este tipo; con su manera de ser, curan las heridas del mundo.

V
LA FELICIDAD DE LAS AFUERAS SE LLAMA «GENEROSIDAD» O «BONDAD»

AFUERAS

Mejor que el páramo, mejor que lo áureo: no son afueras de ninguna urbe, ni de ningún castillo, ni de ningún paraíso. Anarquía topológica. Afueras sobre la tierra y bajo el cielo. No hay centro, sólo afueras. Afueras sin ningún núcleo dueño de la significación principal. ¿Y si la significación principal fuera precisamente la de las afueras? Mejor no añorar ni centro ni plenitud; al contrario, hay que apreciar la calidad de las afueras. Es verdad que el centro en cuanto centro puede organizar el territorio. En cambio, ¿qué punto de referencia tendremos en las afueras? Aquí parece que no podamos ordenar, dado que todo son afueras. Aun así, hay un significado de las afueras como tales. La condición del significado es la intemperie, y el significado mismo, el movimiento de amparar la vida de las personas. La intemperie y la disgregación de las afueras llevan a la resistencia y al amparo, pero he aquí que ambas no buscan preservar un tesoro incólume, sino cuidar la vulnerabilidad del ser humano, que es, además, presencia generadora. Se ampara la vulnerabilidad por ella misma, pero también se resiste con vistas a la generación y a la generosidad.

Convengamos, pues, en que no hay ni centro, ni plenitud, ni interioridad. O, dicho con terminología «más filosófica», en que no hay ni dominio de la representación, ni de la razón, ni de nada. Si lo hubiera, las afueras serían secundarias y definibles a partir de ese centro. Las afueras son la comarca de lo humano; no hay otra. En las afueras no procede ni la identidad mayúscula, ni la posesión absoluta. Las afueras nos constituyen. Y las habitamos. ¿Por qué no dejamos de representar centros y de desplegar la violencia de la posesión? Si todo lo reconociéramos como afueras y nada como centro, podríamos tejer una red de afueras, de tiendas, de refugios, que juntaríamos para crear amplios espacios de convivencia. Puede que la anarquía no coincida con el caos, sino más bien con el ayuntamiento.

En las afueras, incluso el sedentarismo es nómada. No cabe instalación definitiva. Hay casas, que son centros existenciales y modestos; centros provisionales de las afueras, protecciones de la intemperie. Habitamos nómadamente, aunque haya quien se mueva muy poco. A veces, resistimos la degeneración y nos esforzamos para construir unas afueras dignas, hospitalarias y fraternales; desgraciadamente no exentas de sufrimiento, pero sí de violencia y de indiferencia.

Sin la plenitud de ningún centro, ¿hay lugar para la felicidad?

LA FELICIDAD DE LAS AFUERAS

La conclusión derivada del deseo que somos y de nuestra condición de afueras es que no puede haber algo así como un *estado* perfecto y permanente de felicidad. Dado que no hay paraíso, ni siquiera particular, lo más adecuado es, contra lo que se suele hacer, no referirnos a la felicidad como estado de plenitud. Según el tópico, «todo el mundo busca la felicidad», pero esto lleva a confusión. Parece que haya que buscar la felicidad como quien busca setas. Como si la felicidad fuera algo que se pudiera encontrar de golpe, o como si fuera un estadio en el que, una vez alcanzado, uno pudiera instalarse ahí para siempre. ¿Es posible pensar la felicidad de otro modo? *Hay* que hacerlo. Aunque también conviene entender la postura de los que, muy cabalmente, han optado por no hablar de felicidad porque consideran que se trata de una palabra demasiado desvirtuada y también porque resulta algo descabellado e insensible decirse feliz en un mundo con tanto sufrimiento. Tienen razón. Pero ¿y si la felicidad fuese otra cosa y no una posesión?; ¿y si, al igual que no hay paraíso, tampoco hay algo así como el «estadio de la felicidad»?; ¿y si esa pretensión de no desear nada porque supuestamente ya se está en posesión de todo, fuera una equivocadísima manera de pensar el movimiento de la vida? Hemos comprobado que este completo y perfecto estado de deleite es inimaginable, lo mismo que la total posesión de la sabiduría. Tal posesión no es del orden de lo humano, mientras que sí lo es, en cambio, la filosofía, pasión del pensamiento.

Empujados, pues, a concebir la felicidad de forma distinta a un estado y a un estadio, no cuesta mucho encontrar una primera pista valiosa. Aristóteles ya indicó que la felicidad tiene que ver, sobre todo, con la *acción*: «actuar bien es lo mismo que ser feliz»,[1] lo cual puede aprovecharse para sostener que es como consecuencia de lo que hacemos y del camino que vamos recorriendo que vendría a experimentarse algún tipo de satisfacción, relativa, pues, al itinerario y a las metas que van alcanzándose. El sentirse bien estaría subordinado a un trayecto de vida y de acción. Satisfacción por el «trabajo hecho», por lo vivido..., desde la perspectiva que nos puede dar el estar un rato sentados en uno de los recovecos del camino, a cielo abierto. Camino supone arrestos y tesón. Así, cuanto más se sabe de músi-

---

[1] Aristóteles, *Ética nicomáquea*, 1094a.

ca, más se disfruta; cuantas mejores lecturas, más placer se obtiene; cuantas más cosas bien hechas, más alegría. Acción, camino, esfuerzo... De ahí que sean tan adecuadas expresiones de este tipo: «vas bien» o «esto está muy bien». Expresiones análogas e intercambiables, aunque quizá «está muy bien» se usa algo más si la acción tiene un carácter *poiético* (instrumental), mientras que «vas bien» se usa especialmente si la acción es *praxis* (es decir, relación dialógica con los demás). He aquí la segunda pista valiosa: que tú mismo lo veas o que alguien de confianza te diga que «vas bien».

¿Qué es lo que esto presupone? Pues, evidentemente, que el sentido de la vida no nos está dado; que el camino de la vida de cada uno de nosotros no está prefijado; y que se tiene que encontrar brújula y rumbo. Y, presupone, también, que uno puede ir en buena dirección o que puede extraviarse; que puede avanzar o retroceder, madurar o disiparse. Afianzar el paso en la buena dirección: de ahí surge la felicidad. Y cuando la filosofía contribuye a tal afianzamiento se convierte en su fiel aliada.

Cada vez que uno siente que «va bien», confirma el acierto y el sentido del itinerario. Cultivar la amistad, dedicarse a la familia, trabajar bien, cuidar de quien lo necesita, implicarse en la comunidad, afrontar las pérdidas, detenerse... Acciones *sensatas* (es decir, sentidas y orientadas), alejadas del laberinto, del caos, del absurdo. La experiencia de la felicidad coincide con la de la orientación, la cual, sin duda, tiene que ver con la satisfacción y el placer, pero en absoluto está reñida con la dificultad o el sufrimiento.

Otro indicio que hay que tener en cuenta: mientras los hitos de la felicidad suelen ensanchar el horizonte, hay otros que más bien lo cierran, aunque puedan ser momentáneamente placenteros. Conviene subrayar el plural: hitos, a menudo cotidianos, que orientan, también cotidianamente, nuestras acciones; hitos que, a pesar de la proximidad, remiten a un fondo inalcanzable. Hay una metafísica del amparo, del humor, de la jocosidad, de la mirada, del agradecimiento... Hitos cotidianos en cuyo seno yace también lo divino. Nos podemos permitir la licencia para traducir en sentido amplio la palabra griega que corresponde a felicidad, *eudaimonia*, por «lo divino de la proximidad» o «la proximidad de lo divino». *Es feliz quien camina junto a lo divino.* ¿Mística inefable? En absoluto. Experiencia común. Si alguien preguntara: ¿qué vestigios tenemos en la vida cotidiana de la proximidad con lo divino?, o ¿cómo podemos saber si la acción está orientada hacia lo divino?, recurriríamos de nuevo a la sencillez del «vas bien» que, cuando se recibe, uno suele guardar como delicada prenda.

Aunque no era el principal objetivo, lo cierto es que con esta manera de tratar la felicidad se consigue rebajar notablemente el índice de frustraciones. Si la felicidad se entiende como estado y estadio de plenitud, el desengaño está asegurado, mientras que si se entiende como itinerario orientado, deviene más «democrática», se deja probar, e incluso puede quedarse haciéndonos compañía en algunos de los tramos.

La felicidad no está en el paraíso ni en la utopía posthistórica, sino en el itinerario presente y en el «cielo», que es uno de los términos plásticos para referirse a la alteridad-infinito, y que no hay que presuponer muy lejos. Una vez más, a diferencia de Sartre, según el cual «el infierno son los otros», el cielo ha de vincularse con algún tipo de acción interpersonal. Es cierto que la proximidad es, en parte, la sencillez más elemental, y por eso seguimos a Epicuro cuando afirma que no tener hambre, no tener sed y no tener frío ya empieza a ser suficiente para ser feliz. Pero todavía falta algo esencial que también forma parte de la proximidad: el gesto de amparo y de generosidad hacia los demás. Ahí está el camino orientado y vecino de lo divino y del cielo.

LA GENEROSIDAD DE FÉLIX

El gato Félix es uno de los personajes míticos de los inicios del cine mudo que, décadas más tarde, pasaría a la televisión. Con una sonrisa de oreja a oreja, el entrañable Félix sacaba de su maleta mágica las cosas más inesperadas para poder resolver las contrariedades en las que él y sus amigos se encontraban. Casualmente o no, esta imagen tiene mucho que ver con el significado etimológico del nombre. En latín tenemos tres palabras afines pero con diferencias muy sugerentes: *fortunatus*, 'lleno de suerte, de fortuna'; *beatus*, 'rebosante de bienes y de virtudes'; y, finalmente, *felix*, 'beneficiado por la fecundidad'. Que *felix* y *felicitas* indiquen algo relativo a la fecundidad, nos va como anillo al dedo. Feliz es el fecundo, el fructífero, el generador. Esto vendría seguido de la satisfacción y del gozo por la creación, por la capacidad de hacer crecer lo que está vivo y es valioso. Las cosas que el gato Félix hacía salir de la maleta, cada uno de nosotros las puede hacer salir de su corazón y de sus manos. Feliz es literalmente el generoso. Felicidad y generosidad son momentos de la misma melodía.

¿Qué es la generosidad? Sintéticamente: virtud de dar, fuerza del dar. Más que la característica de aquel que teniendo mucho da una parte, la generosidad consiste en hacer para dar; en generar para dar; en vivir dando. Generosidad y bondad se identifican, porque la bondad siempre da. La generosidad surge y a la vez revierte en un yo magnánimo, pero se expresa fundamentalmente hacia los demás. Nietzsche congenia con esto: la generosidad es deseo de alegría. Y sobre todo hay que prescindir de explicaciones que la reduzcan. La generosidad es sin fundamento: ella misma es el fundamento. Se ama porque se ama; no hay porqué (como la rosa de Silesius, que florece porque florece, sin porqué). Está claro que hay «motivos», y «razones», pero, después de todo, ninguna explicación puede reducir el amor a otra cosa.

«Todo se perderá»: así reza la sabiduría vinculada al paso del tiempo. Sin embargo, ¿qué posee más «realidad»: las cosas materiales del mundo, que por muy consistentes que parezcan también quedarán inexorablemente engullidas en la noche del tiempo, o la vida sentida con intensidad por cada uno de nosotros? Todo se perderá, pero casi seguro que el grosor invisible de un acto de generosidad supera al del manto de la Tierra. Todo se perderá, pero hay más «realidad» en un encuentro amistoso y franco que en el rascacielos más alto del mundo. Todo se perderá, pero de algún modo cuenta más que una persona ayude a otra que mil galaxias desaparezcan del firmamento.

No hay que anteponer ni lo excepcional, ni lo puro. La pureza no es de este mundo. El amor se mide con sus obstáculos y, además, necesita de un mínimo de posición —¡un mínimo!—. Los obstáculos son, a la vez, condición de posibilidad. Se necesita un mínimo de posición-posesión porque, de lo contrario, ¿desde dónde se podría producir la generosidad y la donación? El talento literario le sirve a Bertolt Brecht para mostrar que ser bueno cuesta y que a veces requiere incluso raras duplicaciones. En *El alma buena de Se-Chuan*, Shen-Te, la mujer generosa, debe inventarse y desdoblarse, como si fuera otra persona, para seguir viviendo. Para permanecer, hay que disponer de lugar y defender una posición, porque la donación total no puede mantenerse durante mucho tiempo: «es que no estoy segura de ser buena. Quisiera serlo de veras; pero entonces, ¿cómo arreglármelas para pagar el alquiler? [...] ¿Cómo se puede ser buena cuando todo está tan caro?». En esta misma obra, a un aviador desesperado que quiere suicidarse, Shen-Te le dice:

Por grande que sea la miseria, siempre hay hombres de buen corazón [...] A la gente le gusta demostrar lo que es capaz de hacer. ¿Y cómo demostrarlo mejor que siendo bueno? La maldad no es más que una especie de ineptitud. Cantar una canción, construir una máquina, sembrar arroz: en el fondo, eso es ser bueno. Y usted también es bueno.[2]

Un mínimo de posesión, un mínimo de posición: una posición mínima, que permita mantenerse en pie. Un refugio que deje crear y que deje generar. Nada más. Del mismo modo que se necesita un lugar resguardado y con techo para poder ser hospitalario. Hay que poder abrir alguna puerta, aunque sea inmaterial.

La creación y la generosidad están del lado de la sencillez. Pero, en las afueras, resulta muy fácil deslizarse y caer en el afán de dominio, o seguir miméticamente al loco imaginado por Rousseau, que osa ocupar lo que no tiene sentido ocupar. Hay una lógica de los hechos—y de la posibilidad—según la cual para continuar y permanecer, lo mejor es poseer y abarcar lo más posible. Éstos serían los términos del ser-posición: ocupación del lugar, representación

---

[2] Bertolt Brecht, *El alma buena de Se-Chuan*, trad. Raquel Warschaver, Buenos Aires, Nueva Visión, 1964 («Prólogo» y «Atardecer en el parque»).

u ocupación del presente, estrategia-cálculo, explicitación y explicación de todo. Y éstos, en cambio, los términos de la generosidad: creación, difusión, mínima posición, desser, bondad, gratuidad, fraternidad.

LA AUTOESTIMA O EL MÍNIMO DE POSICIÓN

Un mínimo de posición significa cuidar de uno mismo y quererse convenientemente. Esto es más raro y más difícil de lo que parece, o bien porque nos amamos demasiado a nosotros mismos, o bien porque no nos amamos casi nada. Para corregir la primacía del egoísmo, tenemos la conocida *regla de oro*, presente en la mayoría de culturas y religiones, y que en la versión bíblica y evangélica suena así: «Amarás a tu prójimo como a ti mismo».[3] En una entrevista, Lévinas recuerda que Buber y Rosenzweig, traductores de la Biblia al alemán, estaban muy preocupados por la transcripción de este versículo. Querían evitar que la medida del amor a los demás fuera la del amor a uno mismo, es decir, no querían de ninguna manera que el amor propio fuera la óptima medida del amor a los demás. Y de ahí que tras meditarlo dilatadamente optaron por esta forma tan simple como genial: «Ama a tu prójimo, él es como tú». La persona está en el mundo rodeada de múltiples cosas. El mandato viene a decirle que allí mismo hay algo que le es próximo, es decir, un *ello* que es como *tú*, un *ello* que, amándolo, ha de ser *tú*, porque es como tú. En cualquier caso, sea cual sea la traducción elegida, Lévinas cree que la mejor manera de entender la regla de oro y el mandato bíblico es ésta: «Ama a

---

[3] Levítico 19, 18; Mateo 19, 19. Citaremos según la *Biblia de Jerusalén*, Bilbao, Desclée, 1975.

tu prójimo; todo esto es tú mismo; esta obra es tú mismo; este amor es tú mismo».[4]

Llegados a este punto, resulta oportuno recordar cómo Lutero se enfrenta a semejante cuestión y cómo la zanja con su habitual extremismo. Considera que una lectura cercana a la literalidad del versículo podría llevar a entender esto: «Ama al prójimo y también a ti mismo». Pero, obviamente, esto a él tampoco acaba de satisfacerle, e interpreta: debe amarse *sólo* al prójimo, pero en la forma en que todo el mundo suele amarse a sí mismo. E incluso va más lejos: «El amor hace que el hombre diga No a sí mismo y Sí al otro; hace que se vista de amor al prójimo y se desprenda de amor a sí mismo». Hasta el límite: «que se odie a sí mismo y no desee que los demás le hagan ningún bien...».[5] Hasta aquí Lutero. Y va bien recordar su tesis porque lo que aquí quisiera sostener es bastante diferente. Lo más difícil, pero al mismo tiempo lo mejor y más decisivo, consiste en amarse bien a uno mismo. La verdadera autoestima nada tiene que ver con el egoísmo y conecta de por sí con el amor a los demás; se aleja tanto del egoísmo como del detestarse disimuladamente a uno mismo. De este modo, se entiende perfectamente que Ricœur encontrara inspiradísimas y sobrecogedoras las últimas palabras de una novela de Georges Bernanos titulada *Diario de un cura de pueblo*, cuando el protagonista confiesa que odiarse es más fácil de lo que parece y que la gracia de las gracias consiste en saberse amar humildemente a uno mismo.

Sí, odiarse es más fácil de lo que parece. Por esto, cui-

---

[4] Emmanuel Lévinas, *De Dieu qui vient à l'idée*, París, Vrin, 1986, p. 145.
[5] Martín Lutero, *Comentarios a la Carta a los Romanos*, cap. 13, WA 482-485, trad. Erich Sexauer, Terrassa, Clie, 1998, pp. 414-417.

darse y amarse a uno mismo, sin orgullo, viene a ser la piedra angular. Quien no se quiera mínimamente a sí mismo, no podrá amar a los demás; del mismo modo que quien no cuide de sí mismo tampoco podrá cuidar a los demás.[6] Sentirse bien consigo mismo no es el obstáculo sino la condición de posibilidad. Pero la degeneración siempre acecha. Por eso la vigilia debe ser constante. El egoísmo y el orgullo son la nefasta degeneración de la autoestima. La clave está, pues, en *poder decir* yo *sencillamente*, o en *decir yo pensando en mí lo menos posible*.

Un mínimo de posición, desde donde generar y abrir las manos. No es necesario acumular gran cosa. Precisamente porque desde una posición mínima ya se puede dar lo que no se tiene. Sí, lo decimos bien: dar lo que no se tiene, porque se crea al dar. La generosidad no consiste en dar lo que te sobra, sino lo que eres. Y darse no exige tenerse de antemano, sino crearse justo en el acto de dar. Por este motivo, el amor es creador, porque su realidad misma es creación. El que ama no necesita tener para dar. El hecho de amar

---

[6] Esto enlaza con la peculiar teoría de Descartes sobre la generosidad (*cf. Las Pasiones del alma*, § 153 y ss.). Descartes lleva la idea hasta un extremo inesperado y afirma que la generosidad consiste en amar en uno mismo lo más grande, es decir, la disposición de la voluntad. Ser generoso es ser libre; saber que la dirección del querer depende de uno mismo. Concuerda con el estoicismo y, en cierto sentido, anticipa la posición nietzscheana. Según Descartes, la generosidad exige advertir que nada nos pertenece verdaderamente más que el libre albedrío y la intención de hacer siempre un buen uso de él. La generosidad, así entendida, da pie a la humildad virtuosa, es decir, a considerar a todos por igual: lo esencial—el libre albedrío—es común a todos e implica no rebajarse ante los ricos o los poderosos, ni ensalzarse por encima de los que se podría considerar inferiores. La generosidad nos aleja tanto de la sumisión como de la actitud tiránica. Con todo, aun reconociendo la originalidad de esta propuesta cartesiana, tal vez resulte un poco sesgado situar el núcleo de la *generosidad* en el amor propio.

ya es donación. Y, por la misma razón, al dar, nada se pierde, ni nada disminuye, sino que, muy al contrario, dando se gana. Fijémonos, por ejemplo, en lo que ocurre cuando alguien dedica tiempo a los demás. Dar tiempo es dar vida. Por eso es el regalo más preciado de todos, porque quien da tiempo, se da a sí mismo. Lo contrario de dar es, evidentemente, no dar. Ahora bien, quien no da tiempo no es que disponga de mucho celosamente guardado; es que no lo tiene. En este sentido, la vida no tiene medida y, paradójicamente, cuanta más vida se da, más vida se tiene.

Volvemos, así, a insistir en el desacierto de la frase —citada ya al empezar—: «Hay lo que hay y eso es todo». El amor y la generosidad hacen salir lo que no hay de lo que hay. Son movimientos difusivos, dadivosos, que revelan la vitalidad, el ser de la vitalidad. Donación, más que de lo mío, de mí mismo. La lógica de la generosidad es rara: nada se pierde ni nada disminuye sustancialmente por el hecho de dar. En las antípodas, la avaricia coincide con la falta de vitalidad. Contra el darse, está la pretensión de guardar, aunque, al final, esto se descubra ilusorio, porque lo único valioso susceptible de guardarse es la alegría de dar.

Rara lógica porque la generosidad ni dispersa ni debilita al yo sino que lo concentra. Contrariamente a lo que podría parecer —que el dar llevara a la disminución—, la generosidad concentra. El amor generoso produce forma y personalidad. La persona generosa tiene más forma que la avariciosa. A primera vista, el avaricioso apiña y acumula, pero en verdad se difumina, se hace cada vez más sombra; mientras que, el generoso, dándose, se define más como persona y aumenta su vitalidad.

Rara lógica porque la bondad no está al servicio de las tendencias naturales de la fuerza. Con respecto a éstas, el sentir que se expresa como bondad, supone un salto. Más allá de la supervivencia, por encima o por debajo, pero *diferente*, se sitúan todos los movimientos de la bondad, que acogen o que dan. Hay algo que penetra y trasciende el mundo hacia abajo: el abismo del mal. Pero, en cambio, la vida—el sentir infinito—y la bondad lo trascienden hacia dentro.

Aunque ya dicho, reiterémoslo: no vale objetar que todo acto generoso es interesado. Éstas son las preguntas tópicas: ¿hay realmente desinterés?; ¿no se esconderá la avidez de poseer detrás de cualquier acto generoso?; ¿no se espera siempre algún tipo de compensación? Ante la sospecha de que el egocentrismo lata detrás de todo, hay que seguir respondiendo que la «pureza» no es de este mundo. Que no haya amor enteramente desinteresado nada significa. No hay acontecimientos que realicen puramente una idea, porque somos finitos, y la finitud indica también heterogeneidad y paradoja. Pretender otra cosa es deslizarse hacia una especie de quimera inhumana (es pretender estar en el paraíso en lugar de saberse en las afueras). Pero aún habría una respuesta complementaria: el hecho de que pueda experimentarse cierta satisfacción asociada al darse uno mismo no es ninguna objeción consistente. La generosidad puede ser placentera, sí, ¿y qué?; ¿qué problema hay?; ¿por qué la fruición de dar debe restar sentido al dar?; ¿y por qué tal fruición ha de implicar que *necesariamente* el dar no pueda ser gratuito?

El dar tiene un amplísimo registro. Dar tiempo, dar medios, dar acogida... pero también dar amabilidad: todos los gestos que, dirigidos hacia los demás, hacen más agradable la vida. *Gestos de la generosidad.* Dar no es sólo cosa de santos o de héroes. Hay pequeños gestos, afables y cotidianos, que ya son donación. Todo cuenta y en especial lo que sentimos de cerca y asiduamente. Hay una sabiduría del gesto, así que la «urbanidad», bien entendida, es sustancial. Los «modales»—los gestos modales—no responden sólo a la «buena educación», sino a una actitud existencial mucho más profunda. Ceder el paso: «primero usted, por favor». Los gestos amables tienen ya de entrada la virtud de excluir sus opuestos: *el abrazo* aleja el temor; *la mano abierta*, el odio; *el movimiento de hombros*, el fanatismo; *el masaje*, el dolor; *las caricias*, el llanto; *el arqueo de las cejas* aleja el mal humor y abre la simpatía; *la sonrisa* endulza el aire que se respira; *la humildad en la mirada* deja hablar al otro.

Los gestos de la generosidad conectan secretamente con los actos más excepcionales. Son estos actos, y no las ideas abstractas, los que lucen como faros de esperanza en momentos y épocas de oscuridad. Las ideas son insensibles, inclusive la del bien. Por ello, en la magistral novela de Vasili Grossman, *Vida y destino*, se elogia la bondad y se denuncia la idea del bien: «cada vez que asistimos a ese amanecer [de un bien eterno] mueren niños y ancianos».[7] En nombre del bien, o de la justicia, o de Dios, se han causado toneladas de sufrimiento y millones de víctimas. La bondad, en cambio, siempre produce lo bueno y nunca lo malo. La bondad no está en las declaraciones grandilocuentes, sino en los gestos y en las acciones:

Son las personas corrientes las que llevan en sus corazones el amor por todo cuanto vive; aman y cuidan de la vida de modo natural y espontáneo. Al final del día prefieren el calor del hogar a encender hogueras en las plazas.[8]

---

[7] Vasili Grossman, *Vida y destino*, trad. Marta Rebón, Barcelona, Círculo de Lectores, 2007, p. 516.

[8] *Ibid.*, p. 517.

Esto es lo que salva el mundo: la bondad cotidiana de las personas; la bondad en las acciones de unos hacia otros. «Esa bondad, esa absurda bondad, es lo más humano que hay en el hombre, lo que le define, el logro más alto que puede alcanzar su alma».[9] A veces, esa bondad parece pequeña e impotente ante la monstruosidad y la extensión del mal. No obstante, en su impotencia y en su debilidad, «nunca podrá ser vencida». De aquí que la bondad, que es una de las vibraciones de la vida, sea la esperanza del mundo.

En las afueras de un monasterio budista, en las montañas del Himalaya, hay una piedra con un acertijo inscrito en ella: «¿Qué hay que hacer para que una gota de agua no se seque?». Detrás de la misma piedra se encuentra la respuesta: «Dejarla caer al mar». Bellísima imagen. Pero corresponde a la idea de integración oceánica y de totalidad, que no comparto.

Tal vez cabría una respuesta alternativa, propia de las afueras—de la intemperie, del desierto—: ¿Qué hay que hacer para que una gota de agua no se seque? Ponerla en los labios de alguien que tenga sed.

---

[9] *Ibid.*, p. 519.

VI
LOS DOS ÁRBOLES MÍTICOS DEL EDÉN ESTÁN AQUÍ

> En verdad, el árbol está enraizado en el cielo.
>
> SIMONE WEIL, *Escritos de Londres*

> El investigador está vuelto al Árbol del Conocimiento; el lector, al Árbol de la Vida. El uno quiere saber, el otro recibe.
>
> ERNST JÜNGER, *La tijera*, § 142

TESIS Y MÉTODO

De existir pecado o falta, no se hallaría en el principio de los tiempos, sino junto a la génesis de cada día; no al comienzo, sino en la base. Por tanto, más que de «pecado original» tendríamos que hablar de «pecado básico». Y si se quisiera continuar haciendo referencia a la caída, tendría que ser una caída muy excepcional, primero, porque sería reiterada y, segundo, porque no se caería hacia abajo sino hacia arriba. Cabría llamarla «arrogancia», y no sería una caída desde la plenitud, sino desde la humilde horizontal de las afueras hacia una perversa y elevada tribuna irreal.

Puesto que el símbolo da que pensar, podemos autoregalarnos el billete para viajar y acercarnos a los dos árboles que según la narración del Génesis estaban en medio del Edén, y sobre uno de los cuales pesó la desconcertante prohibición. Desde ese texto, a modo de campo base, realizaremos las excursiones que convenga, con el fin de mostrar que, en el fondo, la prohibición no es tal, sino la expresión de un *problema* crítico, relacionado con las afueras y el conocimiento. Un problema acentuado en el transcurso de la cultura occidental y extendido miméticamente a todo el mundo: el de cómo tener los ojos abiertos y no dejar de sabernos venidos a la vida; de cómo pensar sin divinizarse; de cómo cultivar la libertad de pensamiento sabiendo obedecer lo que este mismo pensamiento descubre. La depredación física y espiritual que entre todos protagonizamos mundialmente es consecuencia directa de no haber alcanzado tal medida; es manifestación, no de la génesis, sino de la degeneración consistente en aquella caída hacia arriba, esta vez colectivamente, «civilizatoriamente». No hay que ser pesimista para advertir que, a menos que cambie el rumbo, avanzamos hacia el colapso.

El símbolo da que pensar, sí. Y las palabras graves ya son símbolo. Puede seguirse de comienzo a fin lo que en relación a este tema afirma Elias Canetti:

Uno podría, naturalmente, en vez de reflexionar sobre mitos, reflexionar sobre palabras, y mientras evitara definirlas, sería posible extraer de ellas toda la sabiduría que los hombres han reunido. Pero los mitos son *más divertidos* porque están llenos de metamorfosis.[1]

Con tal guía de viaje, vayamos pues al mito que contiene algunas de las palabras más graves.

---

[1] Elias Canetti, *La provincia del hombre*, trad. Eustaquio Barjau, Madrid, Taurus, 1982, p. 208.

UNA HIGUERA Y UNA PARRA

«Yahveh Dios hizo brotar del suelo toda clase de árboles deleitosos a la vista y buenos para comer, y en medio del jardín, el árbol de la vida y el árbol de la ciencia del bien y del mal».[2] Había, pues, dos árboles muy especiales en el centro del Edén. Una imagen tan sencilla como genial. En medio del paraíso, lo más determinante para la criatura humana: la vida y el conocimiento.

El redactor de algunas de las partes del Génesis —el redactor que la crítica bíblica actual llama «yahvista»— ensaya de forma superlativa una explicación de la situación presente —la condición humana— a partir de la referencia a una situación original ya perdida, con dos árboles como protagonistas.

Árboles, árboles singulares, en un paraje idílico, no sólo en medio del jardín sino en medio del hombre y de Dios, con una prohibición, una desobediencia y un desenlace. Queda para la imaginación saber cómo eran estos árboles y de qué clase. Pronto se empezó a representar la fruta prohibida como una manzana. Pero, puestos a elegir, me inclino por un racimo de uvas colgando de una enorme parra y, al lado, una higuera milenaria y vigorosísima en cuanto árbol de la vida. Parra e higuera maduran sus frutos al mismo tiempo y resulta difícil imaginar una combinación mejor que la de higos y uvas. Además, muchas veces, la vid y la uva se han tomado como símbolo de sabiduría, mientras que la prueba «documental» de que por ahí cerca había una higuera está en el hecho de que, cuando Adán siente vergüenza, se tapa el miembro viril con sus hojas.

---

[2] Génesis 2, 9.

ÁRBOLES

El poder simbólico del árbol salta a la vista. El árbol se nos brinda a modo de ofrenda para ayudar a pensarnos y a mostrarnos algo sobre nosotros mismos, los humanos. De hecho, no es fácil tratar un árbol como un simple vegetal. Así, por ejemplo, puedo cortar sin ningún tipo de reparo las «malas hierbas» que crecen en el huerto, pero, en cambio, van pasando los años y no he tenido el coraje suficiente para talar un árbol que, al haber crecido en un lugar inadecuado, supone un gran estorbo. A diferencia de las hierbas, el árbol posee una presencia que se hace notar y que acompaña.

El estar aquí del árbol, así como los cambios estacionales tan notables que exhiben los de hoja caduca, es algo que, por un lado, nos resulta familiar y, por otro, nos da motivos para la imaginación, tanto en su trabajo estético como en el existencial. Árbol y ser humano compartimos verticalidad: nos mantenemos en pie. Para nosotros, sin embargo, nada importante es fácil, y conservar verticalidad y firmeza no es ninguna excepción. La fuerza de la tormenta, o del fuego, conminan la verticalidad del árbol. La violencia, la enfermedad, el agotamiento y la vejez, la nuestra. Junto a los árboles milenarios se siente la sorprendente permanencia de la vida. Por más que vayan pasando las generaciones de mortales, estos árboles perduran y la savia sigue circulando por sus vasos. Al escribir estas líneas, el título a la longevidad todavía lo ostenta un pino de las californianas White Mountains, que ya va acercándose a los cinco mil años. Emociona y fascina reparar en que, cuando se construían las pirámides en Egipto, él ya estaba presente.

Contiguo a la verticalidad, otro rasgo que compartimos árboles y humanos es el de ser juntura y enlace. Hombre y árbol son como la «y», que relaciona y une. Gracias a la capacidad de juntar, *generamos*. Si el ser humano es ayuntamiento, logos y poder de relación, el árbol es el ser que más plásticamente une tierra y cielo: toda su fuerza vital consiste en hundir las raíces en el suelo para expandirse hacia el cielo. Une tierra y cielo, horizontalidad y verticalidad, circularidad (estacional) y crecimiento. Y, en esta doble tendencia, da frutos. Su tenaz trabajo en el subsuelo y su lento ensanchamiento aéreo llevan a la generación, a la producción temporal. Fruta del tiempo, frutas del mundo, dulzura de la vida presente, consecuencia del enlace, sin confusión, que realiza el árbol entre los dos grandes elementos. Seguramente por eso, por unir tierra y cielo, se le han atribuido facultades sanadoras; como si la vitalidad que por él circula irradiase benéficamente a su alrededor. Sin vitalidad tampoco nosotros podríamos ayudar a los demás. Y la vitalidad surge del trabajo relacional. Ayuntamiento, vitalidad, frutos. El encapsulamiento siempre amenaza esterilidad.

La comparación entre el hombre y el árbol está en multitud de textos, desde los de tradiciones antiquísimas hasta los de poetas y escritores contemporáneos. Nietzsche la plasma en el poema «Un árbol», donde precisamente destaca estos dos motivos: relación y crecimiento, sobre los que vuelve a insistir en el capítulo de *Así habló Zaratustra* titulado «Del árbol de la montaña»: «Al hombre le ocurre lo mismo que al árbol».[3] Más adelante, Zaratustra habla de sus hijos como «árboles de vida». Y, hacia el final del libro, es uno de los hombres superiores—el rey de la derecha—quien compara a Zaratustra con un pino «largo, si-

---

[3] Friedrich Nietzsche, *Así habló Zaratustra*, trad. Andrés Sánchez Pascual, Madrid, Alianza, 1972, p. 72.

lencioso, duro, solo, hecho de la mejor y más flexible leña, soberano».[4]

Por razones similares a las que le equiparan al hombre, también se ha desarrollado la analogía del árbol con lo divino y con la dinámica de la teofanía—de la manifestación de lo divino—. Destacados estudiosos como Mircea Eliade y Gilbert Durand subrayan que los lugares sagrados más arcaicos, centros totémicos australianos, templos primitivos semíticos y griegos, hindúes o prehindúes de Mohenjo-Daro, están constituidos por un árbol o un poste asociado a un betilo.[5] De una manera o de otra, su potencialidad simbólica le lleva a la dimensión sacra: árbol como imagen del cosmos, árbol como teofanía cósmica, árbol como símbolo de la vida, árbol como centro o soporte del mundo, árbol como regeneración de la naturaleza.[6] Sólo a modo de ejemplo, y por sus similitudes con el Génesis, podemos citar dos de estos destacados simbolismos antiguos. En la obra más importante de las escrituras hindúes, el *Bhagavad Gita*, el árbol cósmico representa el universo, así como, a la vez, la situación del hombre en el mundo. Es el árbol eterno de los Vedas, que se exhibe invertido: las raíces van arriba mientras que las ramas van abajo y sus hojas son los Vedas. Y en tal imagen aparece la constelación de elementos: árbol cósmico invertido, teofanía, vida, conocimiento, felicidad y sufrimiento, bien y mal:

Krishna, el señor, dijo: «Se habla de un árbol eterno que tiene hacia arriba sus raíces mientras sus ramas se hunden abajo y sus

---

[4] *Ibid.*, p. 374.
[5] Gilbert Durand, *Las estructuras antropológicas del imaginario*, trad. Víctor Goldstein, México, FCE, 2004, pp. 348 y ss.
[6] Mircea Eliade, *Tratado de historia de las religiones*, trad. A. Medinaveitia, Madrid, Cristiandad, 1981, pp. 277 y ss.

hojas son los Vedas. El que toma conciencia de esto conoce los Vedas».

Esto concuerda con el texto upanisádico: «Tiene sus raíces hacia arriba y sus ramas hacia abajo». También lo encontramos en el Puraña: «Brota de la raíz como lo inmanifestado, crece por la potencia del mismo Uno. Y tiene una gran inteligencia como tronco mientras los huecos son las aperturas de sus órganos. Los grandes elementos son sus ramas, y tiene a los objetos percibidos como a sus hojas. El bien y el mal son sus bellas flores y la felicidad y el sufrimiento los frutos que sostiene. Este árbol eterno dirigido por Brahman es el ámbito existencial de todas las criaturas. Es en verdad el asiento de Brahman. En él habita por siempre».[7]

Yggdrasil es el nombre de otro árbol cósmico, en este caso de la mitología nórdica. Un inmenso fresno perenne cuyas raíces y ramas mantienen unidos los diferentes reinos. Junto al árbol hay una fuente, relacionada con el conocimiento. Y otra con la que las Nornas riegan el árbol gigantesco para darle juventud y vigor. Cerca de las raíces, merodea una víbora con la mala intención de derribar el árbol. En una de las ramas permanece vigilante un águila, que diariamente ataca a la serpiente. Se produce un terrible cataclismo, que hace tambalear todo el universo, y da pie a una nueva era paradisíaca. Durante este episodio, Yggdrasil se ve sacudido con violencia, pero no cae.[8]

¿Por qué en tradiciones tan diferentes aparecen imágenes y elementos tan similares? Lo valioso—vida, conocimiento—late por doquier con la misma fuerza. El elixir, el fruto o el árbol de la vida puede que no coincidan con los

---

[7] *Bhagavad Gita con los comentarios advaita de Sankara*, I, cap. XV, ed. Consuelo Martín, Madrid, Trotta, 1997, pp. 257-258.
[8] Eliade, *Tratado de historia de las religiones*, *op. cit.*, pp. 285-286.

que dan el conocimiento, pero seguro que están relacionados. Tal vez los dos árboles del Génesis provengan de leyendas distintas, una que hablaba del árbol de la vida y la otra que lo hacía del árbol del conocimiento. Pero alguien las unió, y he aquí los dos árboles juntos, multiplicando aún más su poder simbólico. Los dos árboles enigmáticos, el de la vida, cuyos frutos parece que darían la inmortalidad, y el árbol del conocimiento del bien y del mal.

DE LO QUE HUBIERA PODIDO OCURRIR

Los textos del Génesis se elaboran avanzada la tradición semítica y tienen como principal finalidad unir la historia de la salvación del pueblo de Israel con una especie de teología de la creación. En esta teología, hay partes más elaboradas y precisas, como el sacerdotal capítulo primero, donde se relata cómo Dios creó el mundo en siete días, y partes con situaciones más concretas y «existenciales», como los capítulos segundo y tercero, que son los que ahora nos interesan. Con la composición y la modificación de tradiciones previas, que se desconocen, el redactor quiere expresar lo más importante, esto es, el primer alejamiento del hombre respecto a Dios. La referencia al Edén concuerda con tal fin: una situación inicial de vínculo viene seguida por una de separación y, por tanto, de mal. La lección que se transmite es diáfana: mujeres y hombres deben disponerse a esperar activamente la salvación, es decir, la rectificación del alejamiento. En suma, al menos en estos capítulos, la metafísica de la creación queda en un segundo plano, y el acento recae en la pérdida de la plenitud inicial. La tierra se ha descrito como destinada al hombre, que dispone de una vida diferente del resto de las criaturas. El jardín simboliza las bendiciones divinas, y está situado en Edén (palabra tomada del acádico, que significa 'estepa', pero que es similar a la hebrea *eden*, que significa 'placer'). Yahvé deja este jardín al hombre, para que viva en él y lo cuide.

Y he aquí los momentos clave:
Prohibición:

De cualquier árbol del jardín puedes comer, mas del árbol de la ciencia del bien y del mal no comerás, porque el día que comieres de él, morirás sin remedio.[9]

Tentación de la serpiente, que le dice a la mujer:

«¿Cómo es que Dios os ha dicho: No comáis de ninguno de los árboles del jardín?». Respondió la mujer a la serpiente: «Podemos comer del fruto de los árboles del jardín. Mas del fruto del árbol que está en medio del jardín, ha dicho Dios: "No comáis de él, ni lo toquéis, so pena de muerte"». Replicó la serpiente a la mujer: «De ninguna manera moriréis. Es que Dios sabe muy bien que el día en que comiereis de él, se os abrirán los ojos y seréis como dioses, conocedores del bien y del mal».[10]

Enojo de Dios y expulsión de Adán y Eva del paraíso después de haber incumplido el mandato:

¡He aquí que el hombre ha venido a ser como uno de nosotros, en cuanto a conocer el bien y el mal! Ahora, pues, cuidado, no alargue su mano y tome también del árbol de la vida y comiendo de él viva para siempre.[11]

---

[9] Génesis 2, 16-17.   [10] Génesis 3, 1-5.   [11] Génesis 3, 22.

Entonces Dios colocó a dos guardianes celestiales en el camino del Edén para evitar que el hombre comiera del árbol de la vida.

Podríamos empezar con una especulación aparentemente secundaria: por de pronto Dios prohíbe que se coma el fruto de un árbol, el del conocimiento, pero del otro no dice nada. ¿Sabe Adán que hay un árbol que es el de la vida y que está allí mismo? Tal vez no. De hecho, Eva no lo menciona y se refiere al árbol prohibido como el que está en medio; no dice «uno de los dos que están en el medio». Agustín y Tomás presuponen que Adán y Eva sí lo sabían, y que comían de sus frutos para no envejecer. De momento, me inclino por pensar que no lo sabían.

Pero, la cuestión que se impone más claramente es otra. ¿Por qué esta insólita prohibición divina de no comer del árbol del conocimiento del bien y del mal? ¿Qué sentido puede tener?

SI SE DA POCA IMPORTANCIA A LO QUE SE PROHÍBE

Una manera de abordar el asunto consiste en acentuar el acto de prohibir y dejar en un segundo plano lo que se prohíbe. Esto es, por ejemplo, lo que hará Buenaventura (siglo XIII) consecuentemente con la alta estima que la virtud de la obediencia tiene entre los franciscanos. Buenaventura explica que fue dado a Adán un precepto de disciplina para que, de este modo, pudiera ser obediente y darse cuenta de la valía de tal conducta. Ahora bien, «hay obediencia pura cuando el precepto obliga por sí solo, no por alguna otra causa».[12]

---

[12] Buenaventura, «Breviloquio», en: *Obras*, vol. 1, parte II, cap. XI,

LOS DOS ÁRBOLES MÍTICOS DEL EDÉN

Efectivamente, para experimentar qué significa la obediencia se necesita un precepto y, a poder ser, un precepto no fundamentado en el contenido de lo que se prohíbe. Es decir, un precepto algo arbitrario. Es evidente que esto suena raro en el contexto actual. ¿Quién valora la obediencia? Aunque la pregunta debería ser: ¿qué hace que no podamos apreciar la obediencia? Y, también: ¿por qué la vinculamos automáticamente al poder y no, en cambio, a la maestría o a la amistad? Pero dejemos por ahora estos interrogantes y volvamos al punto argumentado. Dar importancia a la prohibición y no a lo que se prohíbe es desmitificar el contenido y hacer prevalecer el hecho de obedecer. La obediencia por parte del hombre significaría no perder el vínculo, la alianza, mantener siempre la memoria de Dios, tener presente a Dios en la vida del Edén. Obedecer a Dios sería seguir a su lado y vivir feliz en esta vecindad. En el lenguaje coloquial aún resuena algo de todo esto: decir a un niño «has de confiar en tus padres», equivale a «tienes que escucharlos», «tienes que obedecerles», «tienes que acordarte de ellos». Avanzando por ahí, pronto se percata uno de que la clave está en ser capaz de *oír*. Quien es capaz de oír, escucha y obedece.

Así pues, para recalcar la obediencia, es mejor prohibir algo aparentemente inocuo. De ahí que lo prohibido no sea el homicidio, sino comer la fruta de un árbol. Es obvio que en la prohibición del homicidio el fundamento de la obediencia emana de lo que se prohíbe, dejando en una posición secundaria a quien dicta la prohibición. Adán y Eva no se dan cuenta de que, en su situación, la obediencia tiene el beneficio de guardar la amistad y la confianza de Dios,

---

trad. León Amorós, Bernardo Aperribay y Miguel Oromí, Madrid, BAC, 1945, p. 283.

y desobedecer, en cambio, significa «pasar» de Dios. No es la libertad la que está en cuestión. Van a lo suyo y dejan de lado la relación más importante. Era fácil reconocer la autoridad de Dios, y cuando alguien con autoridad auténtica pide obedecer algo, cuesta poco hacerlo. El mandato se acepta con gusto y se asume como recomendación. Dios, dador de todo, sólo les había hecho una leve prescripción. Tenemos, pues, que una posibilidad de lectura consiste en otorgar poca o nula importancia a lo que se prohíbe. Así, haciendo hincapié en la obediencia, el relato resultaría más comprensible.

Ahora bien, ¿cómo dejar de tener en cuenta el enigmático nombre del árbol sobre el que pesa la prohibición? Merece la pena tomar nota del ejercicio de agudeza intelectual que realiza Agustín a la hora de tratar este tema. Sabemos que una de sus preocupaciones más notorias es la de evitar el maniqueísmo, en particular, y cualquier tipo de dualismo, en general. Por consiguiente, tenía que hacer una lectura del Génesis en la cual se insistiera en que Dios es el único y exclusivo autor de la creación y, así, en que la entera creación es buena. En esto Agustín comparte la misma intención que el redactor yahvista. También éste, al primer inicio (la creación), quiso añadir un segundo inicio (el evento del Edén), para hacer ver que sólo como consecuencia de la acción humana el mal entra en el mundo. Otorgando al hombre, y sólo a él, la responsabilidad del mal, se evitan planteamientos dualistas que atribuyen el mal a un principio tan originario como el del bien.

Es con este propósito que Agustín lee el texto del Génesis. Y resulta simpático cuando reconoce haber dado muchas vueltas al tema del árbol. No está solo. Su planteamiento va de la siguiente manera: no había nada malo en la creación; todo en ella era bueno, incluyendo el árbol del conocimiento del bien y del mal. Ningún veneno se escondería en sus frutos. Si comerlos podía ser dañino, tenía que ser por algún motivo extrínseco al árbol mismo. En un contexto de abundancia y de felicidad, Dios prohíbe algo al hombre para conseguir lo que ya hemos indicado: ser capaz de mantener la relación mediante la obediencia.

Pues bien, veamos la ocurrencia de Agustín. Según él el nombre puesto al árbol es menos sustancial de lo que parece. Se le llamó «del conocimiento—o de la ciencia—del bien y del mal» porque si después de la prohibición el hombre comía de él, aprendería, en la posterior experiencia del castigo, la diferencia que había entre el bien de la obediencia y el mal de la desobediencia.[13] El hombre conocería, en el castigo, lo que significa una vida obediente junto a Dios y una vida desobediente alejada de Dios. En otras palabras: sólo a través de la experiencia del mal se conoce el mal. Si el hombre no hubiera desobedecido, no conocería el mal. También el lenguaje popular sugiere algo de eso cuando el padre o la madre se dirige al niño en tono algo amenazante y le dice: «ya verás lo que es bueno»—queriendo más bien decir «lo que es malo»—.

SI SE DA UN POCO MÁS DE IMPORTANCIA A LO QUE SE PROHÍBE

Tener que recurrir a estas lecturas tan alambicadas e ingeniosas no hace más que corroborar el carácter enigmático e incómodo de la situación. Si bien—tal como estamos haciendo—puede ser oportuno considerar el hecho de la prohibición, no parece muy justificable rebajar demasiado

---

[13] San Agustín, *Obras*, vol. XV, Libro VIII, 6, *op. cit.*, p. 963.

la importancia del contenido prohibido. Sin duda, conviene prestarle atención. «Conocimiento del bien y del mal» podría aludir al conocimiento moral, es decir, a tener realmente conciencia de la propia conducta, o podría aludir a la capacidad de darse cuenta de las cosas y de nuestra condición. En ambos casos prevalecería el aspecto experiencial. Esto significa, por ejemplo, que el conocimiento moral debe entenderse, sobre todo, como el hecho de experimentar la propia responsabilidad, o la propia falta. A esto último es a lo que llamamos «tener mala conciencia».

Algunos hermeneutas del texto bíblico han apuntado que la expresión «conocimiento del bien y del mal» podría ser un merismo, es decir, una figura retórica en la cual un par de opuestos se usan juntos para sugerir la idea de totalidad; del estilo de «conocimiento de cielo y tierra» o de «conocimiento del aquí y del más allá». Si así fuese, entonces «el árbol del conocimiento del bien y del mal» significaría el árbol del conocimiento tanto del bien como del mal, es decir, de todo.

Sin embargo, si persistimos en no querer eludir la naturaleza especial del árbol, ¿qué más se podría hacer para interpretar la extraña prohibición? Uno de los primeros comentaristas del texto fue Teófilo de Antioquía (siglo II), y propuso una idea bastante ágil para conjugar la seriedad del mandato con el peso de lo prohibido. A diferencia de lo que hará más tarde Agustín y muchos otros, Teófilo opta por rebajar el alcance de la prohibición, atribuyéndole un carácter provisional. Lo explica así:

Ahora bien, el árbol de la ciencia en sí mismo era bueno, y bueno era su fruto. No estaba en el árbol, como piensan algunos, la muerte, sino en la desobediencia. Porque en su fruto no había otra cosa que la ciencia, y la ciencia es buena si se hace de ella el uso debido. Pero por su edad Adán era todavía niño, y por eso no podía recibir la ciencia de modo debido. [...] Además, quería probarle para ver si era obediente a su mandamiento, y quería también que permaneciera más tiempo sencillo e inocente en condición de niño.[14]

En resumen, la solución propuesta por Teófilo es ésta: Adán y Eva todavía eran infantiles y convenía que continuaran así un poco más de tiempo. Más tarde, el conocimiento les llevaría a la edad adulta. ¿No es ésa la esencia del mensaje ilustrado? Cada cosa a su tiempo. Y lo único que ocurrió es que se anticipó lo que igualmente tenía que llegar. El conocimiento y la conciencia acabarían viniendo, pero no todavía. Desde este punto de vista, la falta, en relación con el contenido, es leve, y continúa teniendo más relieve la falta en cuanto desobediencia.

De Teófilo cabe destilar esta enseñanza: el conocimiento nos es esencial, pero a su debido tiempo. No hay que hacer críticos a los niños, ni anticipar las preguntas y la dialéctica antes de la cuenta. El conocimiento de la situación llegará, los ojos se abrirán y el hombre advertirá su desnudez, es decir, su intemperie. Con este planteamiento, el paraíso se reduciría a la inocencia infantil. El paraíso sería algo así como una guardería y una escuela de primaria ideales: lugares dulces y protegidos. Allí, los ojos que leen nuestra situación aún no se han abierto por completo. Aunque tomarse en serio las edades de la persona es muy importante, ya ni siquiera lo hacemos, ni sabemos cómo hacerlo.

---

[14] Teófilo de Antioquia, *A Autólico*, II, 25, en: José Vives, *Los padres de la Iglesia*, Barcelona, Herder, 1982, p. 96.

SI SE DA MUCHA IMPORTANCIA A LO QUE SE PROHÍBE

En fin, admitir que la cuestión de la desobediencia es determinante no obsta para admitir que también lo es la del conocimiento. Cuestión, esta segunda, relativa al hecho de que el humano ve—siente, se da cuenta de, advierte—su situación.

Habría efectivamente dos árboles en el centro y «centrales»: el de la vida y el del conocimiento del bien y del mal. Éste último también podría llamarse sucintamente «árbol del conocimiento» o «árbol de la sabiduría»—tal como se hace, por ejemplo, en el *Libro de Enoc*—, pero entendiendo, en ambos casos, el conocimiento relativo a nuestra condición y a nuestra experiencia moral.

Entonces, lo menos que se podría decir de la prohibición es que es paradójica: ¿cómo puede prohibirse lo que somos?; ¿cómo se le puede pedir al hombre y a la mujer que no coman del árbol del conocimiento? Es como si se les pidiera que no fueran humanos. Si se quería introducir la virtud de la obediencia, es obvio que se tendría que haber elegido cualquier otro árbol insignificante. Decir al hombre, «no abras los ojos», «no seas lo que eres», es un mandato destinado a fracasar: la desobediencia, más que desobediencia, sería una necesidad.

Ahora bien, una cosa es cierta: hay un problema inherente a tener los ojos abiertos. Ser capaz de conocer es una virtud y al mismo tiempo un destino difícil de asumir. Aquí radica uno de los acontecimientos fuertes de la vida. En la vida pasan cosas. La experiencia del conocimiento es de las más importantes, y tiene algo de trágico. En este tema, Génesis y *Edipo rey*, coinciden. Edipo termina viendo demasiado, y por eso se arranca los ojos.

LOS DOS ÁRBOLES MÍTICOS DEL EDÉN

El conocimiento es una experiencia que nos cambia, que nos transforma. Esto también se encuentra en la narración bíblica. Ya nada será como antes: «Entonces se les abrieron a entrambos los ojos, y se dieron cuenta de que estaban desnudos».[15] Desnudez e intemperie, en términos existenciales; vergüenza y culpa, en términos morales.

Una curiosa e imprevisible lectura, que va en la línea de dar importancia al contenido de la prohibición y disminuir casi del todo el peso de esta última, es la realizada por Kant en un escrito titulado: «Comienzo presunto de la historia humana».[16] ¿Qué podía decir un ilustrado como Kant sobre el papel del conocimiento y de la razón? El filósofo de Königsberg imagina una pareja humana, en un jardín, con la capacidad de hablar y de pensar. Allí, *la voz de Dios* sería precisamente el *instinto*, que todos los animales obedecen. Gracias al instinto, algunas cosas se ven convenientes y otras no. La prohibición no sería más que la advertencia que nos hace el instinto ante algo. Pues bien, «mientras el hombre obedeció esta voz de la naturaleza, se encontró a gusto con todo aquello. La *razón*, sin embargo, comenzó pronto a moverse».[17] La razón y su aliada la imaginación son, según el relato kantiano, las que entran en escena y llevan al hombre a abandonar su primer bienestar. La razón puede ir contra el instinto y conseguir ensanchar los límites de la forma humana de vivir. Esto tendrá su peaje, pero ya no hay marcha atrás. La acción de la razón y de la imaginación sobre el instinto logra ampliar el número de objetos que pueden satisfacer una tendencia, y eso sería lo que

---

[15] Génesis 3, 7.
[16] Immanuel Kant, *En defensa de la ilustración*, trad. Javier Alcoriza y Antonio Lastra, Barcelona, Alba, 1999.
[17] *Ibid.*, p. 148.

habría pasado con la fruta del árbol prohibido. Otro ejemplo es lo que le pasa al instinto sexual: con la imaginación el hombre prolonga e incluso intensifica este instinto que en muchos animales suele ser pasajero y periódico. ¿Cómo? Pues, *sustrayendo el objeto a los sentidos*. Kant interpreta así el gesto de Adán de taparse con la hoja de la higuera. El erotismo—podríamos continuar—es precisamente el resultado de la labor racional-imaginativa sobre el instinto. De este modo pues, queda claro que la lectura de Kant exige matizar mucho el tema de la caída. En realidad, más que de una caída, se trataría de una ganancia decisiva, la ganancia de la humanidad: «transición de la rudeza de una mera criatura animal a la humanidad, de la caravana del instinto a la guía de la razón; en una palabra: de la tutela de la naturaleza al estado de libertad».[18]

PARA CONCLUIR

En el breve texto del Génesis sobre el Edén se suman *dos* problemas, por lo que cabe sacar dos conclusiones. Primera: *saber escuchar es una virtud*. Hay que saber escuchar cuando toca y a quien toca. Lo contrario de saber oír y obedecer no es desobedecer, sino perderse. Segunda: *el conocimiento es el descubrimiento de nuestra situación de afueras y de intemperie, y una* metanoia *personal que puede llevar a ser más uno mismo. Pero no está exento de peligro y, mal digerido, es causa de ruina*. Ambas conclusiones podrían ir seguidas de un par o tres de corolarios.

Primer corolario: *más conocimiento y menos orgullo*. El ser humano tiene algo de divino y, aunque desconcertante,

---

[18] *Ibid.*, p. 153.

esta semejanza se da especialmente *después* de comer del árbol prohibido. A ello se debería la exclamación de Yahvé: «¡He aquí que el hombre ha venido a ser como uno de nosotros, en cuanto a conocer el bien y el mal!». Antes, permanecía en la inocencia: una especie de vida simple, aunque infantil. Pero ahora se parece más a Dios y lo siente así. Antes se parecía a Dios, pero no lo sabía. Ahora, porque lo sabe, se le parece más. En este sentido, apunta sutilmente Ricœur que «el pecado representa cierta promoción de la propia conciencia refleja; así se inicia una aventura irreversible, una crisis del devenir-hombre, la cual sólo alcanza a resolverse en el proceso final de la justificación».[19]

¿Qué es lo que a nosotros nos atañe? Una vez que hemos abierto los ojos, retroceder es imposible. La infancia es un paraíso dejado irreversiblemente atrás, y el paraíso edénico es imposible. Pero lo que sí cabe hacer, y debe hacerse, es intensificar el camino emprendido. Ser todavía más conscientes, abrir los ojos más aún, para valorar nuestras afueras, sus hendiduras, y nuestra responsabilidad. Intensificar la vigilia: la *metanoia* personal depende de ello. Pero conviene que sea una intensificación que no vaya acompañada de orgullo sino de humildad. La intensificación humilde de la conciencia nos acerca a un lugar nuevo que tiene algo en común con la inocencia infantil y, en cambio, nos aleja de la presuntuosidad del conocimiento que, por creerse más de lo que es, se queda a medias. En realidad, el problema no procede del acontecimiento de conocer, sino de lo que puede venir después. La revelación de nuestra situación era inevitable. Que esta claridad se enroque en orgullo y determine buena parte de la tendencia de la huma-

---

[19] Paul Ricœur, *Finitud y culpabilidad*, trad. Cecilio Sánchez, Madrid, Taurus, 1982, p. 403, nota.

nidad, es lo que podría no pasar y, desgraciadamente, pasa. La triste paradoja es que a la vez que desplegamos una civilización del poder, menospreciamos la vida; no reconocemos su profundidad y nos tratamos como cosas entre cosas, despersonalizados, des-subjetivados, pero, eso sí, pretenciosos y engreídos.

Nada malo hay en conocer, pero con mucha facilidad algo perverso se le amalgama. La soberbia es como la modalidad intelectual del orgullo; el orgullo de la inteligencia. Orgullo y soberbia provocan un yo—y un nosotros— tan autocentrado como monstruoso. La fuerza universal de la figura de Fausto surge precisamente de esta relación entre conocimiento y soberbia. Aparece por primera vez en una obra anónima en la Alemania de finales del siglo XVI y a partir de entonces inspira numerosas versiones. Algunos de los principales rasgos de este personaje son los que ya hemos destacado del Génesis y que también hubiéramos podido hallar en *Edipo rey*. El perfil de Fausto es ambiguo. No todo en él es reprobable. Muestra sincera vocación por conocer los secretos del mundo y las leyes que gobiernan las cosas; se interesa por la ciencia, por la magia, por la astrología. Y es este mismo interés lo que le lleva a pactar con Mefistófeles. Fausto pacta con el servidor del príncipe infernal tras percatarse de que con sus propias capacidades no puede alcanzar lo que quiere. Es evidente que hay en Fausto una *hybris*, una desmesura, que, al empeñarse en superar su condición, lo lleva más allá de la cordura. El orgullo lo ciega y no le permite sosegarse en los propios límites: la desesperación llegará implacablemente.

El intríngulis está en saber tomar el camino del conocimiento sin orgullo; en buscar y mantenerse en tal camino sin convertirse en Fausto; en comer del árbol del conocimiento y, sin embargo, no endiosarse. He ahí la gracia y la dificultad, porque la tentación es muy grande y sus formas muy variadas. Aunque ahora nos suena algo anacrónico, resulta significativo que en el ambiente de la Reforma se hiciesen acusaciones muy duras contra la vida monástica precisamente aduciendo que en muchos casos podía ocultar el orgullo de los monjes de creerse superiores.

El orgullo trae consigo la violencia. Tanto el redactor yahvista como, más tarde, los teólogos cristianos, insisten en que la creación es buena. Esto implica que el mal, en general, y la violencia, en particular, son consecuencia de un segundo inicio. Comer del fruto prohibido representa este segundo inicio. Y lo alarmante es lo que vendrá a partir de ahí. El homicidio que Caín comete sobre Abel es el símbolo de una serie interminable de actos violentos que, desastrosamente, llega hasta nosotros. La desobediencia es sólo el punto de partida de un camino de alejamiento sembrado de maldad. A la rebelión del hombre contra Dios sigue la rebelión contra su prójimo. Como en Rousseau, en la escena inicial del Edén no hay ningún vestigio de violencia, ni siquiera entre los animales, que yacían unos junto a otros. En cambio, después de la primera desobediencia, el mal se propaga. Y, en consecuencia, en otro fragmento, se lee esto:

Viendo Yahveh que la maldad del hombre cundía en la tierra, y que todos los pensamientos que ideaba su corazón eran puro mal de continuo, le pesó a Yahveh de haber hecho al hombre en la tierra, y se indignó en su corazón.[20]

La vida humana no es un error, y es un bien. Pero la intemperie es dura, y la tendencia a hacer daño estará siem-

---

[20] Génesis 6, 5-6.

pre presente. ¿Es posible que la violencia surja —por lo menos en parte— del orgullo y de la dificultad de asumir la propia condición? ¿Es posible que, en parte, funcione como evasión?

Segundo corolario: *conocimiento y vida*. ¿Qué pasa con el árbol de la vida?; ¿qué relación existe entre el conocimiento y la vida, es decir, entre los dos árboles? El texto duplica el carácter enigmático diciendo que en cuanto el hombre ha comido del árbol del conocimiento, podría querer ser como Dios e ir a comer del árbol de la vida, para conseguir así la inmortalidad.

Cuando se le abren los ojos, la finitud constituye una experiencia fundamental. Desde ese momento, la sombra de la muerte ya no dejará de cernirse sobre el viaje de la vida. Experimentamos la angustia y la ansiedad relacionadas con la muerte. De inaudita agudeza es el comentario de Spinoza sobre el pasaje del Génesis relativo a la prohibición de comer del árbol del conocimiento: «Tan pronto como comiese de él, al instante temería a la muerte más de lo que desearía vivir».[21]

Si el miedo a la muerte supera las ganas de vivir, entonces la inquietud por la inmortalidad puede convertirse en la preocupación más punzante. Y esto, ciertamente, es mal asunto. Primero, porque la excesiva preocupación por la muerte no deja vivir y, segundo, porque, aunque lo parezca, la inmortalidad no es el remedio de la mortalidad. Desde la noche de los tiempos y ante la inquietud provocada por la conciencia de la muerte, se ha solido anhelar algún tipo de continuidad de la vida. No es extraño, pues, que el árbol de la vida tenga una primera lectura en este sentido: sus frutos evitarían el envejecimiento o, incluso, da-

---

[21] Spinoza, *Ética*, III, prop. LXVIII, Escolio, *op. cit.*, p. 332.

rían la inmortalidad. Hasta la astuta serpiente podría estar deseándola. La epopeya de Gilgamesh, de la mitología sumeria, cuenta que el personaje con ese nombre, muy dolido por la muerte de su amigo, desea la inmortalidad, para no tener que pasar por el mismo trance. Con este objetivo, emprende un camino difícil y tortuoso en busca de un sabio que vivía en una especie de vergel. Al encontrarlo, el sabio lo somete a una serie de pruebas, que Gilgamesh no consigue superar. Sin embargo, instado por su propia mujer, el sabio termina por revelar a Gilgamesh la existencia de unas hierbas en el fondo del océano que prolongan indefinidamente la juventud. Gilgamesh acaba descubriéndolas pero, de regreso a casa, una serpiente se le acerca sagazmente y, después de robárselas, se las come, convirtiéndose en inmortal. ¿Y si la serpiente del Génesis aspiraba a lo mismo y por eso urdió el engaño? Quizá nadie sabía cuál era el árbol de la vida y el plan de la serpiente era averiguarlo. Consiguió que Adán y Eva probasen el fruto del árbol del conocimiento y así pudiesen reconocer y señalar cuál era el árbol de la vida; árbol cuyos frutos los humanos no pudieron comer, pero ella, la serpiente, sí. ¡Cómo pueden llegar a estirarse los cuentos fundacionales!

También en esto Nietzsche es el maestro. Sólo hay que leer lo que dice de la serpiente:

Fue Dios mismo quien, al final de su jornada de trabajo, se tendió bajo el árbol del conocimiento en forma de serpiente: así descansaba de ser Dios... Había hecho todo demasiado bello... El diablo es sencillamente la ociosidad de Dios cada siete días.[22]

---

[22] Friedrich Nietzsche, *Ecce homo*, trad. Andrés Sánchez Pascual, Madrid, Alianza, 1971, p. 108.

Pero ¿y si lo más importante no fuera la inmortalidad? Entonces, el árbol de la vida debería verse de otro modo. En la Edad Media circularon varias leyendas según las cuales la cruz de Jesucristo habría sido hecha con el tronco del árbol de la vida.[23] Con la figura de Jesucristo—literalmente, con la revelación cristiana—el árbol de la vida deja de ser principalmente el árbol de la inmortalidad para convertirse con más propiedad en el árbol de la vida. Con el acontecimiento de Jesucristo, el amor sustituye a la inmortalidad.[24] El árbol de la vida es el árbol del amor. Éste es núcleo de la revelación cristiana. No es que el amor lleve a la vida, sino que la vida es sobre todo amor. Esto es lo que se enuncia de forma concisa y diáfana en la primera carta de Juan: «Nosotros sabemos que hemos pasado de la muerte a la vida, porque amamos a los hermanos. Quien no ama, permanece en la muerte».[25] El amor al prójimo es la vida misma. Es decir, que el amor releva la inmortalidad en tanto que máxima expresión de la esencia de la vida. La inmortalidad no desaparece, pero queda en un segundo plano.

Tercer corolario: *haber nacido a la vida*. El lector se acerca al pensador: se entrena en recibir. Por eso Jünger comenta que si la muerte te atrapa con un libro en las manos, vas ya con cierta ventaja, pues estás habituado a recibir. Conocimiento sin orgullo significa conocimiento que percibe tanto su potencia como lo que le sobrepasa; conocimiento que no convierte su autonomía en un absoluto, sino que la vincula a una heteronomía radical que la funda. Arendt, interesada en subrayar la excelencia de la acción, escoge el naci-

---

[23] *Cf.*, por ejemplo, *Viaje de Set al Paraíso*.
[24] La filosofía de Gianni Vattimo se desarrolla a partir de esta convicción, así como de la relación esencial entre *kenosis* y hermenéutica.
[25] I Juan 3, 14.

miento como símbolo, porque nacimiento es inicio, origen, novedad. Aquí, sin embargo, se quisiera subrayar no exactamente el nacimiento, sino el *encontrarse habiendo nacido*. Nosotros sentimos que podemos (autonomía), pero podemos a partir de un encontrarse viviendo (heteronomía). El recuerdo de esta pasividad básica es la mejor corrección del orgullo. Una heteronomía que no pide sumisión, sino respeto; que no restringe la libertad de la vida, sino que sigue alimentándola. En la admisión, el lector se entrena.

Ambos, el árbol del conocimiento y el árbol de la vida, están aquí, en las afueras del Edén. Ya hemos comido y podemos seguir comiendo de sus frutos. Estos dos árboles están ligados por arriba y por abajo. Sus raíces están no sólo trenzadas, sino conectadas, para permitir, así, que la misma savia pase del uno al otro. Por arriba, las ramas crean una especie de techo protector, bajo el cual los humanos pueden guarecerse.

Ni Edipo es el asfixiante teatrillo freudiano de nuestra familia más cercana, ni Adán lo es de la más lejana. Son el relato de las experiencias fundamentales de la vida.

Ahora, aquí, en las afueras, tenemos estos árboles; somos estos árboles. El de la vida, nos lleva al del conocimiento. Y el del conocimiento, si después de acercarnos a él somos verdaderamente capaces de saborear sus frutos, nos retorna de nuevo al de la vida, con más vida.

VII
LAS VACAS, NIETZSCHE Y FRANCISCO DE ASÍS

> Se desgarró el corazón hasta hacerlo jirones. No era más que terciopelo.
>
> ELIAS CANETTI,
> *La provincia del hombre*

SI UNA VACA TE MIRA

Entre la multitud de rarezas que el escritor de la antigua Roma Claudio Eliano cuenta en su *Historia de los animales*, hay una según la cual en una zona de Libia había un rebaño de vacas que pastaban caminando hacia atrás porque los cuernos les habían crecido delante de los ojos.

Pero el rebaño de vacas que solía pacer no muy lejos de la caverna de Zaratustra, en una dehesa algo empinada, era un rebaño de vacas sin ninguna particularidad extraordinaria; la mayoría de raza bruna salvo un par de limusinas. Sabemos que las vacas son animales amigos del silencio; silencio testimoniado por todos sus movimientos: el hecho de rumiar, la forma de levantar la cabeza y de mirar, el andar calmoso a modo de procesión… Incluso con el tañido de los cencerros, la vida diaria de la vaca describe un itinerario parsimonioso integrado en la serena amplitud del paisaje campestre.

Las vacas gustan bastante a Nietzsche quien, obviamente, a pesar de que nunca elogie el rebaño, ni el hecho de ser domado y domesticado, puede, en ciertos contextos, enaltecer la capacidad de rumiar. El hombre moderno, ansioso y agitado, debería aprender a masticar mejor, es decir, con más repeticiones y más tiempo. Rumiar es alimentarse pacífica y pacientemente, medio acostado, con momentos de somnolencia y con ademán entre bobo y pensativo.[1] Ahora bien, dado que los movimientos acostumbran a ser ambivalentes, en otras ocasiones, al filósofo de Sils-Maria la acción de rumiar no le complace tanto, pues le sugiere lo excesivamente blando y amorfo: la cultura de las papillas.

También en referencia a las vacas, destaca Nietzsche la que para él es la diferencia primordial entre el hombre y esta especie animal. Imagínate apoyado en la valla del campo donde pasta el rebaño de vacas. Una de ellas está a pocos metros y, al notar tu presencia, levanta la cabeza y te mira, con ademán impertérrito. Al cabo de un rato, la misma vaca vuelve a levantar la cabeza y a dirigirte la mirada. Y, sorprendentemente, lo hace como si fuera la primera vez, no la segunda. ¿Cómo se explica? Pues, aquí radica—piensa Nietzsche—el secreto de su felicidad. Parece que la vaca estuviera continuamente absorta en el momento presente y no guardara memoria del pasado, ni siquiera del pasado inmediato. Este anclaje en el aquí y ahora le da la felicidad de la que nosotros carecemos, porque no dejamos de recordar. Podemos reiterar la misma escena pero ahora con palabras del propio Nietzsche. Apoyado en la valla, y antes de toda esta digresión, podrías preguntar a la vaca: «¿por qué no me hablas de tu felicidad y te limitas a mirarme? El animal quisiera responder y decirte: esto pasa porque yo siempre olvido lo que iba a decir—pero de repente olvidó también esta respuesta y calló...».[2] Ya estamos acostum-

---

[1] *Cf.* el final del prefacio de Friedrich Nietzsche, *La genealogía de la moral*, trad. Andrés Sánchez Pascual, Madrid, Alianza, 1972.
[2] Friedrich Nietzsche, *Sobre la utilidad y los perjuicios de la historia para la vida*, trad. Dionisio Garzón, Madrid, Edaf, 2000, pp. 35-36.

brados y resignados a que el genio de Nietzsche se imponga sin paliativos. En realidad, la vaca quisiera ayudarte y responderte para que compartieras su felicidad, pero como es tan feliz—de tanta capacidad espontánea como para olvidar—, no puede hacerlo. Según Nietzsche, nosotros, en cambio, tenemos aquí una carencia: sólo con esfuerzo gigantesco podemos desprendernos del lastre de la memoria. La capacidad de olvido es un poder, y sin él «no puede haber ninguna felicidad, ninguna jovialidad, ninguna esperanza, ningún orgullo, *ningún presente…*».[3]

¿Buscamos la felicidad de las vacas? Seguro que no. Pero bien es verdad que gran parte de nuestro sufrimiento procede de sentir la vida como vida personal, y de recordar y mantener presentes los sufrimientos y las desgracias de la travesía propia y de los demás. Aun así, ¿podemos aprender algo de la mirada de la vaca? Claro que sí, y en el sentido de saber repetir; de repetir como si de alguna manera fuera la primera vez.

NOTAS PREVIAS A UN ENCUENTRO MUY SINGULAR

La desbordante imaginación nietzscheana lleva a que Zaratustra tenga un inesperado y curioso encuentro con Francisco de Asís. Seguramente Nietzsche conocía las anécdotas y las leyendas que se contaban sobre la vida del santo y afirmaba que es el único auténtico discípulo de Jesucristo. Sin explicitar su nombre, Nietzsche introduce a Francisco en la cuarta parte de *Así habló Zaratustra*, en el capítulo titulado: «El mendigo voluntario».

---

[3] Nietzsche, *La genealogía de la moral, op. cit.*, p. 66.

Es importante situar bien el momento en que se produce este encuentro. La teoría del eterno retorno, que es el diamante del pensamiento de Nietzsche-Zaratustra, ha sido expuesta en la tercera parte de la obra; de ella afirma que es la mujer que ama de verdad y con la que sí quisiera tener hijos. El pensamiento más abisal, pues, ha sido dicho, y declarada la pasión por él. ¿Qué es lo siguiente? Zaratustra debe mostrar qué hacer y cómo se debe vivir; le incumbe a él, que es el portador de un evangelio tan colosal. Aquí comparto la opinión de Eugen Fink —agudo lector de Nietzsche— cuando afirma que mientras que el pensamiento de Zaratustra tiene una fuerza excepcional y estremece a todo aquel que lo lee o lo escucha, otra cosa, en cambio, es la senda vital y concreta de Zaratustra. No se logra mostrar lo suficiente que este personaje goce ni de su saber, ni de su soledad. La tesis de Fink es que Nietzsche es poderoso mientras habla y piensa como Zaratustra, pero que pierde intensidad cuando quiere describir el tipo existencial que es Zaratustra.[4] Da la impresión de que la vida de este personaje no llega a sobresalir de la misma manera que sus pensamientos.

Y, sin embargo, sabemos que el pensamiento que no puede expresarse en la vida, tiene poca vida. El gran estilo debe lucir en la vida misma. La poética nietzscheana topa aquí con un escollo que no sortea bien. El personaje Zaratustra debería resplandecer por él mismo y resaltar más aún que los hombres superiores. Estos personajes, sin lograr el nivel del superhombre, son ya puentes hacia él, porque han logrado sustituir los viejos valores por otros nuevos, es decir, más mundanos. Aun así, los hombres superiores son to-

---

[4] Eugen Fink, *La filosofía de Nietzsche*, trad. Andrés Sánchez Pascual, Madrid, Alianza, 1966, p. 170.

davía demasiado humanos y no acaban de desembarazarse de la sombra del nihilismo. Son los personajes que aparecen en la cuarta y última parte de *Así habló Zaratustra*: el último papa, los dos reyes, el más feo de los hombres, el hombre de la sanguijuela, el mago, el adivino, y el que ahora nos interesa: el mendigo voluntario.

Voy a comentar libremente y sin cortapisas algunos pasajes de este capítulo, permitiéndome incluso ensayar una breve continuación, con el fin de hacer ver que, casi desde el inicio, Francisco resulta ser una figura existencial más atractiva que la del propio Zaratustra; todo acontece como si éste se encontrara sobrepasado por su visitante.

CUANDO TODO EL REBAÑO DE VACAS ESCUCHA A UN SOLO HOMBRE

Allí mismo, en su caverna o por los alrededores, Zaratustra va encontrándose con individuos que han sido capaces de subir a aquellas alturas, que quizá lo buscan a él, o que desean descubrir y amar lo que él ya ha descubierto y ama. Un día, siente la presencia de algún compañero afín que estaría rondando no demasiado lejos. Observa a su alrededor y lo único que divisa es un rebaño de vacas formando círculo, pero oye una voz que sale del centro. Entonces, pensando que tal vez haya alguien malherido, se dirige hacia allí rápida y solícitamente. Y se lleva una sorpresa al encontrarse con un hombre que está hablando a los animales. Como si de una fulguración instantánea se tratase, Zaratustra siente cierta envidia. ¿Cómo puede ser que las vacas estén tan cautivadas? En realidad, las vacas, aun disponiendo de un ángulo de visión panorámica y, por tanto, habiendo visto llegar a Zaratustra, en ningún momento le han prestado la menor atención. ¿Quién es este encantador de animales que, sentado en el suelo, dice a las vacas que no han de temerlo y que quiere aprender algo de ellas? Ya desde el principio, Zaratustra advierte que era la bondad la que predicaba en los ojos de aquel hombre.

Al preguntarle Zaratustra por el motivo de su camino, responde que está buscando la felicidad en la tierra y que, por esta razón, después de un rato de charlar con las vacas, les había pedido si le querían decir algo sobre el tema. Y que estaba a punto de recibir la respuesta cuando, de repente, la llegada del hombre con quien ahora mismo está hablando lo ha estropeado todo. El predicador ignora que no es debido a la repentina interrupción de Zaratustra por lo que las vacas no le responden, sino precisamente porque lo olvidan todo —razón de su felicidad—. Pero este bonachón no va desencaminado. Huía de la angustia para buscar la felicidad y está en medio de las vacas. Ya intuía que para alcanzar la felicidad hay que aprender a remugar como ellas. Está atento al remugar y pregunta. Los sabios no sólo predican sino que también preguntan, y saben escuchar.

Quien habla a las vacas se fija bien en Zaratustra y, estupefacto, lo reconoce como el hombre que ha vencido las náuseas. Entonces, lleno de júbilo y con la emoción contenida celebra la presencia de Zaratustra como un preciosísimo regalo. A su vez, Zaratustra reconoce también a la persona que le está alabando. Sin nombrarlo, le dice:

¿No eres tú el mendigo voluntario, que en otro tiempo arrojó lejos de sí una gran riqueza, que se avergonzó de su riqueza y de los ricos, y huyó a los pobres para regalarles la abundancia y su corazón? Pero ellos no le aceptaron.[5]

[5] Nietzsche, *Así habló Zaratustra*, op. cit., p. 361.

Francisco había nacido en el seno de una rica familia de comerciantes en el pueblo de Asís, a finales del siglo XII, pero pronto renunció a sus privilegios y a su vida acomodada para estar cerca de los pobres. Algunos amigos y vecinos le siguieron, iniciándose así la aventura de los frailes *menores*, de la orden franciscana; la orden de quienes voluntariamente se hacen pequeños y abrazan la *minoridad*. No es cierto—como relata Nietzsche—que los pobres rechazaran a Francisco, pero sí lo es que, hacia el final de su vida, tuvo desavenencias con los hermanos de su propia orden, que había crecido desmesuradamente.

En el texto, Nietzsche da a entender que Zaratustra y Francisco coinciden en el diagnóstico de la situación, tal como es descrito por éste último: entre los ricos no se puede estar, pero tampoco entre los pobres. Entre los ricos no hay felicidad porque el afán de riquezas pronto se convierte en un yugo, al igual que el afán por obtener muchos honores o disponer de muchas mujeres. La codicia es la esclavitud de los ricos. A lo que hay que añadir el hecho de que a menudo—no siempre—las grandes fortunas heredadas tienen orígenes fraudulentos. Entre los pobres tampoco se puede estar, porque reaccionan como esclavos, con envidia, rencor y orgullo plebeyo, es decir, con resentimiento. De aquí que deba buscarse la felicidad más allá, tal vez entre las vacas. Todo esto lo cuenta Francisco, dolido y muy enojado. Ocasión que aprovecha muy oportunamente Zaratustra para recordar a Francisco que esta actitud rabiosa no le encaja; que no concuerda con su talante más auténtico. Esto es, Zaratustra recuerda a Francisco quién es Francisco: «Te haces violencia a ti mismo, predicador de la montaña, al emplear palabras tan duras. Para tal dureza no están hechos ni tu boca ni tus ojos».[6] Zaratustra convida al

---

[6] *Ibid.*, p. 362.

mendigo a no abandonar su esencia: su dulce bondad. Aquí Zaratustra es sumamente atento y generoso. Favorece que el mendigo vuelva a ser él mismo, que recupere lo mejor de sí mismo, y nada le reprocha, ni nada le recrimina. Esto es generosidad: ayudar a los demás a ser mejores—lo cual, a la vez, crea comunidad—. En este momento, el espíritu de Zaratustra resplandece como una estrella.

El mendigo voluntario se da cuenta de que Zaratustra lo ha captado muy bien y se siente aliviado. Es la paz de sentirse comprendido y aceptado por el otro. Pero también es su paz más íntima. El alma del mendigo está hecha de tan dulce serenidad que por eso, a su vera, las vacas están tan apacibles.

En plena sintonía entre el mendigo y Zaratustra, éste se muestra hospitalario e invita al mendigo a despedirse de las vacas para ir a conocer a sus animales: su águila y su serpiente—Zaratustra sabe que el mendigo no sólo se acerca a las vacas sino que es amigo de otros animales, a los que jamás se dirige para domeñar—. Así, le indica el camino que lleva a su reducto donde hablará de la felicidad con el águila y con la serpiente; más tarde llegará él y se sumará a la conversación. También le sugiere que aproveche para disfrutar de un alimento: «Asimismo encontrarás miel nueva en mi casa, miel dorada de panales, fresca como el hielo: ¡cómela!».[7]

Al recibir la invitación, el mendigo elogia a Zaratustra, diciéndole que le quiere, que es muy bueno y mucho mejor que las vacas. De repente, sin embargo, ante este ensalzamiento, Zaratustra reacciona enfurecido: «¡Vete, vete! ¡vil adulador!—gritó Zaratustra con malignidad—, ¿por qué me corrompes con esa alabanza y con miel de adulaciones?».[8] Y, por si esto fuera poco, le amenaza con el bastón mientras el mendigo huye corriendo. ¿Cómo se explica esta reacción

[7] *Ibid.*, p. 363.   [8] *Ibid.*, p. 363.

tan colérica? Pues, como es obvio, porque Zaratustra cree adivinar servilismo en la actitud del mendigo. Pero se equivoca del todo. Del mendigo nunca sale ninguna adulación, ningún falso halago, sino sólo agradecimiento—y agradecimiento del bueno, sin sumisión—. Su actitud no es nihilista, sino creadora. La gran fuerza del mendigo voluntario—su poder—proviene de la gratitud. Pero he aquí que ahora, al final, Zaratustra no ha sabido recibir bien el elogio sincero que se le dirige.

SI ZARATUSTRA HUBIERA SABIDO RECIBIR BIEN

Si Zaratustra hubiera sabido recibir bien, entonces Francisco hubiera subido a su caverna. Y, al atardecer, de regreso a casa, el anfitrión se hubiera encontrado con el huésped hablando plácidamente con el águila y la serpiente, ambas absortas en el rostro de su interlocutor. Entonces, podría adivinar en él no sólo a un hombre afín, sino quizá incluso a un hermano. Francisco, como Zaratustra, despuntaba de una manera muy especial.

Ya sabía—le diría Zaratustra—que no sólo te entiendes con los animales mansos sino también con los más peligrosos. Tu estirpe no es la que parece; vienes de más lejos. De ti se contaba la amistad que tenías con tórtolas y con peces, pero también con lobos.

En efecto, circulaba la historia de que por los alrededores de una aldea había un lobo verdaderamente feroz que tenía atemorizada a la población entera y que a menudo atacaba los rebaños de cabras. Entonces Francisco fue a encontrarse con él, y el lobo, del primer impulso a lanzársele encima y a morderlo, pasó a escucharlo y a acercársele meneando la cola. El lobo le lamía las manos ante la estupefacción de todos los habitantes del pueblo que presenciaron la escena.

Si Zaratustra hubiera sabido recibir bien, habría estado a la altura de una de sus convicciones más preciadas. De hecho, había sido el propio Zaratustra quien, poco después de encontrar a Francisco, le había reconocido «que regalar bien es un *arte* y la última y más refinada maestría de la bondad».[9] Precisamente a la virtud de dar Nietzsche ya había dedicado el capítulo titulado «De la virtud que hace regalos», capítulo que, en cierto modo, prefigura la significación de la voluntad de poder. Allí había escrito cosas como ésta: «Rara es la virtud más alta, e inútil, y resplandeciente, y suave en su brillo: una virtud que hace regalos es la virtud más alta».[10] Hacer regalos, dar, he aquí lo más elevado, según enseña Zaratustra a quienes le escuchan. Y uno mismo debe verse como generador, como manantial de dones. Hablar aquí de egoísmo, como hace Zaratustra, es cambiar el sentido de la palabra. Se trata de entender que, para poder dar, hay que tener vitalidad; que para poder ser generoso hay que tener fuerza.

Si dar es lo más valioso, ¿qué es lo peor? De manera similar a como lo podría haber hecho Francisco, Zaratustra predicaba así a sus discípulos: «Decidme, hermanos míos: ¿qué es para nosotros lo malo y lo peor? ¿No es la *degeneración*? Y siempre adivinamos degeneración allí donde falta el alma que hace regalos».[11]

Lo magnífico es la generación y el dar, y lo más bajo la degeneración que dice: «todo para mí». En esto, Zaratustra y Francisco van a la par. Francisco lo había enseñado de tal manera que algunos frailes llegaban a extremos enternece-

---

[9] *Ibid.*, p. 361.   [10] *Ibid.*, p. 118.   [11] *Ibid.*, p. 119.

dores y cómicos al mismo tiempo, como el que se explica de fray Junípero. Un día se encontró con un pobre que le pidió limosna. Y fray Junípero le dijo: «No tengo nada que pueda darte si no es la túnica, y me ha mandado el guardián que no la dé a nadie, ni parte del hábito; pero si tú me la quitas de encima, yo no te lo impido». Obviamente, el guardián del convento le había prohibido que diera su túnica porque más de una vez ya había regresado desnudo.

Más allá de las anécdotas, Zaratustra y Francisco saben que el maestro lo es de veras cuando da, cuando se da. Dar a los discípulos, darse a los demás, convertirse en bebida y alimento, he aquí el destino más alto y también el más difícil y escarpado.

Así pues, si Zaratustra hubiera sabido recibir bien, juntos habrían terminado por darse cuenta de su común amistad con los animales, y también de que coincidían a la hora de elegir la más capital de las virtudes. Esta semejanza es tan bella, que vamos a suponer que Zaratustra supo recibir bien, en aquella ocasión o en otra posterior. (Lo cierto es que tal suposición no está lejos de avenirse con el texto del propio Nietzsche. No obstante el final abrupto del capítulo que estamos comentando, luego acaecería algún tipo de reconciliación ya que de otro modo no se entendería que, pasados unos días, Zaratustra estuviera compartiendo mesa con todos los hombres superiores como invitados suyos, incluido el mendigo voluntario).

En fin, suponemos que Zaratustra supo recibir bien el elogio de Francisco, que éste subió a la caverna, y que fue tratado muy amablemente. Tanto, que fue luego Francisco quien invitó a Zaratustra a visitar su convento, para que conociese a sus hermanos. Zaratustra aceptó, y bajaron caminando hasta el llano, en la Porciúncula, donde los frailes vivían en cabañas hechas de ramas y barro.

LAS VACAS, NIETZSCHE Y FRANCISCO DE ASÍS

Los frailes menores, al ver llegar a su querido Francisco, se apresuraron a recibirle, y también festejaron a su acompañante. Zaratustra enseguida advirtió lo poco que había en aquel lugar. Afuera, sólo un fuego y una marmita humeante con algunas verduras recogidas de aquí y de allá. Al entrar en la casa, todos se sentaron en círculo, y pasaron el rato así, sin palabras, sólo con sonrisas y con gestos de alegría. Un fraile fue a buscar una taza de caldo para ofrecerla a Zaratustra. Más tarde, otro fraile se levantó, se dirigió al huésped y le abrazó muy afectuosamente, también sin pronunciar palabra alguna. Todo lo que había que decir estaba dicho en las sonrisas, la taza de caldo y el abrazo.

A media tarde, los frailes despidieron a Zaratustra y Francisco le acompañó durante un rato en el camino. Fue entonces cuando le habló de la alegría. Muy oportunamente, porque tanto Zaratustra como Francisco sabían que, en el fondo, lo que todos los hombres buscan no es la felicidad del bienestar, sino la felicidad de la alegría, el más poderoso de todos los sentimientos.

De nuevo y también por un momento, Zaratustra se turbó: ¿podía ser que este hombre, en su humildad, se le hubiera anticipado? Pero se dijo a sí mismo que no podía ser, porque el mendigo era un hombre de piedad antigua, de los que aún levantan las manos y la mirada al cielo, en lugar de hacerlo sólo hacia la tierra.

«Hace tiempo que predico la alegría—dijo Zaratustra—. Digo sí a la vida, a lo que he creado para todos y que quiero repetir para siempre».

«Doy gracias por haberte encontrado en tu montaña—le respondió Francisco—. Comparto contigo el anhelo de la perfecta alegría. Al conocernos, pronto te percataste de que también me sulfuraba, porque mi ánimo sufre todavía debilidades. Pero, entonces, muy generosamente por tu parte, me corregiste y pronto regresé allí donde resido habitualmente: en la paz y la alegría. Quisiera ser capaz de la alegría, la que se conserva cuando incluso tus amigos te cuestionan y te abandonan; la que permanece aún en momentos de tribulación y adversidad».

La perfecta alegría no está en el conocimiento, ni en el don de gentes, ni en la capacidad de persuadir a todo el mundo; la perfecta alegría surge cuando uno no retrocede ni siquiera ante la dificultad y el rechazo de los tuyos. Está claro que en el caso de Francisco tal alegría procede de su confianza en Dios, pero, fijémonos cómo repercute este sentimiento en los demás. De hecho, la idea de la perfecta alegría se la confiesa a fray León yendo de camino en una noche bastante inhóspita. Allí se ve cómo la alegría de Francisco cobija al otro fraile. En la proximidad de un hombre con una firmeza tan grande, el hermano León se siente amparado. Francisco se convierte en consuelo y abrigo. Su alegría es refugio para los demás. En cualquier trance o tribulación, si un hombre muestra confianza, los demás reciben su favor. La alegría difunde alegría; la confianza transmite confianza.

La perfecta alegría no procede de que todo el mundo te aplauda y te siga, ni de que estés solicitado por los más poderosos, ni de que seas tú el poderoso. Cuenta Francisco:

Vuelvo de Perusa y, en medio de una noche cerrada, llego aquí; es tiempo de invierno, está todo embarrado y hace tanto frío que en los bordes de la túnica se forman carámbanos de agua fría congelada que golpean continuamente las piernas, y brota sangre de sus heridas. Y todo embarrado, aterido y helado, llego a la puerta; y, después de golpear y llamar un buen rato, acude el hermano y pregunta:

LAS VACAS, NIETZSCHE Y FRANCISCO DE ASÍS

—¿Quién es?
Yo respondo:
—El hermano Francisco.
Y él dice:
—Largo de aquí. No es hora decente para andar de camino; no entrarás.
Y, al insistir yo de nuevo, responde:
—Largo de aquí. Tú eres un simple y un inculto. Ya no vienes con nosotros. Nosotros somos tantos y tales, que no te necesitamos.
Y yo vuelvo a la puerta y digo:
—Por amor de Dios, acogedme por esta noche.
Y él responde:
—No lo haré. Vete al lugar de los crucíferos y pide allí.
Te digo que, si he tenido paciencia y no me he turbado, en esto está la verdadera alegría, y la verdadera virtud y la salvación del alma.[12]

La perfecta alegría es incondicional. No depende de ningún bien concreto, sino de un sentido profundo de la vida. Por eso Francisco no se preocupa por el futuro y vive confiadamente; está en condiciones de cultivar la alegría en cada desierto. La perfecta alegría es una madurez, una dulzura permanente, mezclada con cierta melancolía. La perfecta alegría tiene que ver con la aceptación de la muerte, y del propio «fracaso». Pero *nunca* con la aceptación del sufrimiento o de la injusticia que azota a los demás. Para esto último cabe sólo un combate sin tregua.

Nacemos de golpe, pero maduramos muy paulatinamente. Y la maduración es el camino hacia la pobreza esencial del alma.

---

[12] Francisco de Asís, *Escritos. Biografías. Documentos de la época*, trad. José Antonio Guerra, Madrid, BAC, 2011, pp. 101-102.

La perfecta alegría es pobreza, y conviene al alma porque el alma es esencialmente pobre. Por esto, la vida espiritual no puede ser otra cosa que el cuidado por la pobreza del alma. Ver a un fraile predicar en paños menores era algo que podía hacer reír e incluso llevar a considerarlo medio loco. Pero pronto la gente comprendió que esta desnudez física era señal de una desnudez todavía más profunda.

¿Cómo podría imaginarse un alma llena de posesiones? Un alma rebosante de riquezas parece una contradicción. El alma es pobre. Y la pobreza del alma es su riqueza. Éste es el gran descubrimiento del mendigo voluntario: que el fondo del alma—o que, en el fondo, el alma—no es una complejidad sino una desnudez, una pobreza. Paradójicamente, el alma grande es el alma pobre.

Hacía tiempo que Zaratustra predicaba la alegría. Pero entendió que Francisco ya la vivía.

Francisco sube a la montaña pero vuelve a la llanura. Zaratustra sube a la montaña; es el hombre de las alturas, de los picos más fríos y helados. Habla mucho de la tierra, pero, en verdad, es un poeta del aire;[13] él mismo se ve como una flecha lanzada hacia arriba. En la cima, el valor es el frío y el hielo. Por ello, Zaratustra había invitado a Francisco a comer de su miel *helada*. Si bien en la llanura el valor asociado a la miel es la dulzura y la calidez, en la cima, incluso la miel es muy fría. Francisco es el poeta del hogar humilde y fraterno del llano. Zaratustra lo es del aire gélido de la cumbre. En ninguna parte hay tantos relámpagos como en los picos. Zaratustra es un relámpago. Francisco, una llama, como la de una vela. El rayo es luz fría y cegadora. La llama calienta y es la luz de la penumbra, la luz de

---

[13] Gaston Bachelard, *El aire y los sueños*, trad. Ernestina de Champourcín, Ciudad de México, FCE, 1997, pp. 159 y ss.

LAS VACAS, NIETZSCHE Y FRANCISCO DE ASÍS

nuestras afueras. En la llanura, el sol calienta. En la cima, incluso el sol aparece frío. Zaratustra es poeta de la verticalidad. Francisco de la horizontalidad fraternal. Zaratustra quiere superar la pesadez de la tierra para bailar con ligereza casi ingrávida e, incluso, para volar. Francisco quiere vivir en el llano en comunión solidaria.

Más adelante, Francisco visitará de nuevo a Zaratustra—sabe lo que significa cuidar—. Pero ahora se despide. «Gracias, hermano Zaratustra, por haberme regalado tu compañía, y por haber venido a nuestro convento. Dile a la hermana águila y a la hermana serpiente, y a las hermanas vacas de la dehesa, que volveré». Le da un abrazo y le desea «paz y bien». Zaratustra camina hacia sus alturas sin decir nada, conmovido y pensativo. Al día siguiente, en su cabaña, aún le resonarán las palabras de Francisco, y que tan espontáneamente le hubiera tratado de «hermano». También él, Zaratustra, es enemigo de las abstracciones, de los mundos ideales y secos, y de las grandes palabras vacías. Para él, la alabanza de los sentidos es alabanza del mundo cambiante, y de las cosas, de los individuos, de los animales que, como *quanta* del poder, aparecen en esta inmensa escena.

Francisco enseña a vivir de una manera porque enseña a mirar de una manera. En el «Cántico de las criaturas», uno de los poemas más bellos que jamás se hayan escrito, habla del hermano sol, de la hermana luna y las estrellas, del hermano viento y del aire, de la hermana agua, del hermano fuego, de la hermana madre Tierra. Son parejas de elementos con alternancia masculino y femenino—poniendo aún más de manifiesto la fraternidad entre ellos—. Francisco llega a hablar incluso de la «hermana muerte». No son objetos representados, ni elementos genéricos, ni postales de disfrute estético; son cosas que acompañan nuestras vidas—fraternidad y proximidad sin identificación ni integración—. Constituyen el gozo de la vida que sentimos. El viento del sur lleva el sabor del mar; el viento del norte, el frío de la nieve y del deshielo. Ni orden objetivo del mundo, ni sistema cosmológico, sino belleza y regalo en las afueras. Y no se toman las cosas en conjunto y en abstracto. Francisco no habla de «la naturaleza»—concepto abstracto—sino de cada una de las criaturas. No el bosque indiferenciado, sino los árboles. Concreción. No la hermana naturaleza, sino el hermano sol, el hermano viento... El hermano debe ser alguien *concreto*, no algo general o abstracto. Nosotros, en cambio, no cesamos de abstraer y de confundirlo todo en un Todo. Los niños no lo hacen: cada cosa es cada cosa, en su concreción y en su verdad.

Mal que pese al ecologismo actual, hay que darse cuenta de que Francisco no era un amante de la naturaleza, sino de las criaturas de este mundo. No «la naturaleza», sino estos cipreses, estas nubes, esta mariposa, estas hormigas, estas golondrinas que asoman del nido de barro que hay bajo la cornisa de casa, este cielo que en todo momento nos acompaña, esta agua que bebemos. Francisco tampoco veía un paisaje estático ofrecido a la contemplación estética. Veía un *drama*: una tórtola que pasa y se detiene en una rama, y él que le dirige unas palabras. La mirada *ingenua* es una mirada dramática: las cosas concretas que pasan. Y uno que se siente en medio de este drama. La mirada respetuosa y fraternal de Francisco era, sin duda, lo que producía el efecto. El milagro tiene lugar cuando miras cada cosa por sí misma, y a los ojos de cada persona. La vida de Francisco se articula, sobre todo, a partir de los encuentros dramáticos con sus hermanos.

La inspiración franciscana permite ir de los elementos como principios (filosofía presocrática), a las cosas, a las criaturas y a las personas como hermanos. Usufructuarios del mundo. El mundo nos invita a la fruición, a alimentar cuerpo y espíritu; y a caminar sin pisar nada ni a nadie. Los franciscanos no tienen nada y no dejan de dar gracias por todo. Se han anuestrado del mundo sin posesión. Saludo fraterno, que procede de una familiaridad inmemorial: paz y bien.

Las vacas, el profeta de Sils-Maria y el pobrecillo de Asís son generosos. Pero este último se siente sobre todo hermano y trata fraternalmente a los demás. El camino de Zaratustra-Nietzsche es más solitario. Parece que el pensamiento de las alturas estuviese amenazado de deterioro a causa de las relaciones. En cambio, la vida de Francisco es una vida creadora y generosa *a partir* de las relaciones. Al final, la poesía más excelsa no es la que se escribe, sino la que se hace.

VIII
EL DESPLAZAMIENTO POLÍTICO DE MEDIO PALMO HACIA LA COMUNIDAD QUE VIVE

CUADERNO DE NOTAS NÚMERO 3

1.

Dificultad. En las afueras la vida es difícil. Todo cuesta: la vida personal y la colectiva —la política en el sentido amplio de la palabra—. Sobre este asunto, siempre vale la pena referirse al viejo Platón recordando sus desventuras cuando de joven quería dedicarse al gobierno de la ciudad. Por dos veces consecutivas se decepciona ante la corrupción y las injusticias, entre las cuales sobresale la de la condena de su admirado maestro Sócrates. Madurez y experiencia comportan conciencia de la dificultad:

Examinando estos sucesos y a los hombres que se ocuparon de las cuestiones políticas, estudiando las leyes y las costumbres, cuanto más consideraba todo esto y avanzaba en edad, tanto más difícil me parecía gestionar rectamente los asuntos públicos.[1]

¡Cuánta razón! Sólo que hoy deberíamos admitir que la dificultad, si bien distinta, es de todos, no sólo de los gobernantes. Aspereza y complejidad de la vida de las afueras. La política es la implicación de los ciudadanos en la comunidad y en su conducción. En las afueras, cuesta generar y el peligro de degeneración acecha permanentemente. Todo

---

[1] Platón, *Cartas*, VII, 325c, trad. José B. Torres, Madrid, Akal, 1993, p. 91.

puede malograrse con facilidad; no hay que llegar a los antípodas de lo bueno para encontrarse con lo malo; la degeneración está a muy poca distancia. El compañerismo degenera en menosprecio, el mercado en mercantilismo, el consumo en consumismo, la democracia en populismo, la autoridad en autoritarismo, la comunicación en demagogia, el servicio en corrupción... Por suerte, también a poca distancia, pero en la buena dirección, la generación puede ser verdaderamente asombrosa.

2.

Mentira. Tiranías, teocracias y totalitarismos son regímenes políticos que o bien encubren o bien ignoran las afueras. Se fundan en la mentira. Por tanto, la política de las afueras tiene enemigos. Y debe esforzarse para mantenerse firme. En las afueras cada persona merece nombre propio, y comparte la misma condición que las demás. De ahí que la democracia sea la manera política apropiada para las afueras—la manera, no el horizonte—. Requiere tenacidad para sostenerse, no sólo frente a las políticas de la mentira, sino ante sus propias degeneraciones.

3.

Fraternidad. En las afueras, se necesitan varios tipos y registros de acción política; son imprescindibles. Los apuntes de este capítulo son únicamente los relativos a la *comunidad que vive*, que es la comunidad generada por la fraternidad. Es de sobra sabido que la fraternidad es el tercero de los eslóganes revolucionarios; el tercero, pero, en realidad, el único gracias al cual los otros dos—libertad e igualdad—pueden verse realizados no sólo formalmente sino también de hecho y en concreto. La acción política movida por la fraternidad nunca carece de alma ni de ánimos. Y nunca es acción política *degenerada*, ni nunca es *apariencia* de acción política. Todos sus frutos, por pequeños que sean, forman parte de la *comunidad que vive*, que no es una comunidad idílica, ni utópica, ni perfecta, ni angelical, ni paradisíaca, sino la comunidad humana de las afueras, imperfecta, pero acogedora y curadora. La comunidad en cuyo seno la paz no es la correlación de fuerzas, ni la estabilidad del sistema, sino la mirada y el gesto del uno por el otro. La comunidad que vive corresponde a lo que Jan Patočka llama la «solidaridad de los conmovidos», que es la solidaridad de los que relativizan todo lo que es relativizable y que por eso se juntan. Es la solidaridad de los conmovidos por la afección infinita; afección que se vive a la vez como una especie de exigencia y de responsabilidad. Pues bien, la política de la comunidad que vive se nutre de una constelación de elementos vigorosos—todavía por terminar de contar—. Algunos de estos elementos son palabras que (nos) salvan y que hay que salvar. Palabras tales como *reconocimiento*, *generosidad*, *compañerismo*, *agradecimiento*, *tacto*, *reflexión*.

4.

«*¿De verdad?*». La vida política, la vida filosófica y la vida espiritual empieza en este mismo punto; en realidad, no son tres tipos de vida diferentes, sino tres versiones del mismo fondo. «¿De verdad?»—o «¿Estás seguro?»— es una pregunta muy sencilla, pero capital. A pesar de su forma aparentemente escéptica, expresa el inicio de una creencia a la vez que la resistencia a todo dominio (cuando ya hay degeneración—siempre—y cuando ésta domina—a menudo—). ¿Qué es la duda filosófica sino una resistencia? De hecho, cuando la duda no es una pasión y una resistencia es que no tiene nada de duda; en el mejor de los casos consiste tal vez en un ejercicio intelectual más o menos ingenioso. La auténtica duda filosófica—política y espiritual—surge al cuestionar la supuesta evidencia. Ante lo que parece evidente porque domina, cabe reaccionar de este modo: «¿De verdad?», «¿Estás seguro de que todo es así?». Observando la supuesta evidencia se suele afirmar: «Todo es poder», «Todo son intereses», «El dinero lo puede todo», «El dominio y la violencia, implícitos o soterrados, están por doquier», «Todo es absurdo y en vano»... Ante tales afirmaciones, es posible asentir y dolerse, o asentir y aprovecharse. Buena parte de la acción política que hemos conocido opta por lo segundo: constata que la sociedad es así y saca provecho de la situación adaptándose astutamente. Pero queda todavía una tercera opción: la que trata de *introducir* la duda como una cuña, indicando, así, que otra revelación ya ha comenzado. La duda reconoce lo que domina, pero disiente en que esto sea todo. El «¿De verdad?» es como un paso atrás ante la presunta evidencia. Paso atrás que es extraño y que incomoda a los que se aprovechan. Quien duda, pone en juego el mundo, pero también a sí mismo, ya que, en mayor o menor dosis, también él forma parte de ese mundo, y le saca provecho. Así que la verdadera duda apunta ya un cambio de vida. Retroceder ante la evidencia del conflicto y del egoísmo. No terminar de creérselo y dejar de aprovecharse. La vida espiritual empieza por no ceder. Consiste en cuestionarse, en examinarse y en afanarse para ser coherente con el paso atrás. Suele tener forma negativa: no precipitarse, no etiquetar, no correr enseguida a explicar, no reducir, no juzgar incesantemente y, sobre todo, tratar de no dañar. La exigente vigilia socrática sostiene que es mejor sufrir el mal que hacerlo. El «¿De verdad?» ante lo que domina es génesis de vida espiritual y de vida política. Este programa negativo es la mejor manera de regenerar lo degenerado y de estar al servicio de otra comunidad y de otra claridad.

5.

Violencia y bondad. El paraíso es imposible; la vida se da en las afueras, pero la violencia también. Cantidades ingentes de violencia, cuyos cúmulos de víctimas y de sufrimiento llegan hasta el cielo. Desde el primer día, la violencia, en todas sus manifestaciones, azota ininterrumpidamente la vida de las afueras. Ya en tiempos contemporáneos, un tipo de organización política—Estado de derecho y democracia—ha ido desarrollándose en ciertas regiones del planeta, pero incluso aquí el déficit de justicia social es mucho y escandaloso. Además, el panorama mundial es bastante desolador: la pobreza y la explotación no retroceden, y junto a las viejas modalidades otras se añaden. Sólo el ser humano puede ser inhumano, lo cual no deriva del hecho elemental de ocupar un lugar sino, sobre todo, de que fácilmente podemos querer ocupar más, y nos podemos ofuscar, y podemos pretender superar la inseguridad esencial de la situación con el dominio (y la depredación) de las cosas y de las personas. El dominio de la injusticia y de la indiferencia es evidente. De aquí que el combate por la justicia sea siempre la primera de las prioridades políticas. Pero existe la revelación de una claridad más originaria que debemos esforzarnos para no dejar arrinconada. Venimos al mundo desnudos, y salimos de él como un despojo. En el ínterin, en el mientras tanto, el gesto más humano de todos es el del amparo. Sí. Lo más humano de lo humano reside en acoger al otro. Venimos desnudos al mundo, y hace frío, y nos acogemos unos a otros. La comunidad *más básica* es la del amparo. Es la comunidad que cura, que nos cura. La violencia de las afueras, siendo originaria, es ya una degeneración, porque más originaria todavía es la acogida. El egoísmo es fuerte y radical. Pero la acogida, la vigilia y velar por el otro lo son aún más. El «¿De verdad?» está vinculado a una «revelación» y a una certeza: la de que a pesar de que el mal es muy radical, el bien aún lo es más; la de que *el mundo humano se sostiene por la bondad*.

6.

Desplazar medio palmo. En las afueras, ¿cuál puede ser, cuál debe ser, el principal horizonte de acción política? Por un lado, sin duda, resistir ante la degeneración y regenerar lo ya degenerado. Y, por otro, procurar el desplazamiento de apenas medio palmo. Porque, una vez más, sigue vigente la fórmula de que «poco es casi todo». La revolución depende de medio palmo. Pero es medio palmo de profundidad. Cambio intensivo más que progresivo. Medio palmo de profundidad y todo sería diferente. Esta idea del medio palmo, la formulo a partir de la parábola sobre el reino mesiánico que, después de haberla escuchado de Scholem, Benjamin explicó a Bloch; éste la recogió en su libro *Spuren* ('Vestigios'), y Agamben la reitera y comenta en su libro sobre la comunidad:

Un rabino, un verdadero cabalista, dijo una vez: «Para instaurar el reino de la paz no es necesario destruir todo y dar inicio a un mundo completamente nuevo; basta empujar sólo un poquito esta taza o este arbusto o aquella piedra, y así con todas las cosas. Pero este poquito es tan difícil de realizar y su medida es tan difícil de encontrar que, por lo que respecta al mundo, los hombres no pueden hacerlo y por eso es necesario que llegue el Mesías». En la redacción de Benjamin esta parábola suena así: «Entre los sabios se cuenta una historia sobre el mundo por venir que dice: allí todo será justamente como aquí. Como ahora es nuestra estancia, así será el mundo por venir. Donde ahora duerme nuestro niño, allí dormirá también en el otro mundo. Y aquello que nos ponemos en este mundo, lo llevaremos también allá. Todo será como ahora, sólo que un poco diverso».[2]

Agamben considera que no se trata de un desplazamiento del estado de cosas (es decir, que no sólo se trata que mover el vaso que está encima de la mesa), sino que tiene que ver con el sentido. Sin embargo, quizá sea mejor no excluir nada: a veces, movimientos locales se articulan con desplazamientos de sentido. Lo que sí subraya oportunísimamente es que esta parábola introduce un «de otro modo» allí donde todo parece acabado para siempre.

Para respetar la idea de que el desplazamiento es mesiánico, es decir, que no lo podemos recorrer solos, resulta oportuno referirse al *medio* palmo, y dejar, así, que quien quiera pueda interpretar el otro medio en términos religiosos (en correlación con el coloquial: «Que Dios haga más que nosotros»). El primer medio es político, y es el que ahora nos interesa. Medio palmo, y podríamos tener unas afueras sin violencia, justas y fraternales. Habría sufrimiento, y enfermedades, y accidentes, desacuerdos, malentendidos, tristeza, envejecimiento y muerte. Pero no habría ni dictadores, ni explotadores, ni fanáticos fundamentalistas, ni capitalismo depredador, ni poder arbitrario, ni hambre, ni pobreza, ni enfermedades sociales, ni guerras, ni destrucción del planeta. Hubiéramos evitado montañas de sufrimiento y de víctimas de la violencia y de la injusticia. Pocos centímetros hubieran bastado para prevenir la aparición de los peores genocidas de la historia y el estallido de muchas gue-

---

[2] Giorgio Agamben, *La comunidad que viene*, trad. José L. Villacañas y Claudio La Rocca, Valencia, Pre-textos, 1996, p. 36.

rras: una puerta entreabierta, un amigo fiel, un camino alternativo, una palabra oportuna, un agradecimiento, una casa, un plato en la mesa, un pequeño sacrificio, una buena maestra, un oficio, un mensaje...

El medio palmo es un desplazamiento que permite ver las cosas de otro modo. Adorno, al final de *Minima moralia*, dice que se trata de verlas desde la perspectiva de la redención. Verlas de otro modo es ya vivirlas de otra manera y participar en el cambio.

7.

Nosotros. La comunidad que vive dice «nosotros» literalmente. Parece que la comunidad se sintiera de otro modo y las palabras para expresarla significaran de manera más apropiada. La comunidad es el nosotros, no por la homogeneidad o la semejanza, sino por la fraternidad y la diferencia. No «nosotros los iguales», sino «nosotros los diferentes» que, sin embargo, formamos una comunidad. Nosotros, es decir, «nos y otros», yo y los otros. El nosotros está esencialmente constituido por la alteridad. Que el «nosotros» se haya formado en contraste con el «vosotros» no desmiente sino que refuerza el hecho de que la alteridad le sea esencial. Y he aquí que lo que el «nos» y el «vos» tienen en común son precisamente los otros. El «vosotros» y el «ellos» ya están contenidos en el «nosotros». Vale la pena tener esto muy en cuenta para poner en jaque toda reivindicación de un nosotros cerrado y parcial frente a... Por fortuna, si bien se mira, el nosotros no tiene la alteridad en frente sino dentro: *nos* y *otros*.

Yo y los otros es precisamente el *entre* nosotros. Entre nosotros hacemos las cosas. El «entre» indica todas las formas de relación: todos los puentes y todas las pasarelas; todos los enlaces. Una de estas relaciones es la de la confianza: «entre nosotros», es decir, «en confianza». Inclusive una de las palabras más usadas para hablar del egoísmo, la palabra *interés*, puede ser releída y llevada directamente a las regiones fraternas de las afueras. En efecto, mientras, con buena intención, el contractualismo moderno pretende compatibilizar los intereses individuales, la comunidad que vive lee el interés de otro modo: *inter-esse* en cuanto «ser entre», en la misma dirección que *inter*personal o *inter*subjetivo. Ser «entre»: vínculo, relación, ayuntamiento. Así, inesperadamente, el *inter*és deviene sinónimo de comunidad. La comunidad como interés o el interés como comunidad. *Inter-esse-nos*: entre nosotros.

8.

Sustitución y hospitalidad. Podemos sentirnos—o nos sentimos, sin alternativa—responsables de los otros, vinculados a los demás. Un vínculo paradigmático es sin duda el de la maternidad. Pero hay todavía otro tipo de situaciones, paradigmáticas en otro sentido, que pueden llamarse «sustituciones». La hija o el hijo que debido a la enfermedad grave o la muerte prematura de la madre o del padre asumen la ausencia, y hacen de madre o de padre de los hermanos pequeños. Hermanas que hacen de madres; hijos que hacen de padres; abuelas que hacen también de madres; maestros que hacen de padres; amigos que hacen de hermanos; cooperantes que hacen de amigos, trabajadores que hacen de cooperantes… La sustitución es como un máximo de responsabilidad. Aquí la generosidad consiste en admitir el vínculo, en no dar la espalda, en responder. Todos estos aspectos se pueden observar, por ejemplo, en la *hospitalidad*, cuyo sentido más propio es el de la acogida a los débiles (ancianos, enfermos, pobres, exiliados…), si bien suele relacionarse con la acogida del que llega de fuera o

EL DESPLAZAMIENTO POLÍTICO

también con la lógica de la visita (con el anfitrión que trata espléndidamente a los huéspedes). No olvidemos nuestra condición: afueras, intemperie, desierto. La vulnerabilidad humana en el desierto pide protección. Son las tiendas. Las casas que hacen de tiendas. En las afueras, dependemos unos de otros. Y, circunstancialmente, algunos se vuelven más dependientes todavía. De aquí que la hospitalidad vaya más allá de la lógica de la visita y de la del buen anfitrión. Éste es alguien que controla la situación, que está por encima y la dispone según su voluntad. La hospitalidad esencial—o incondicionada—es diferente de la lógica de la previsión. No es casual que en muchos países pobres los hospitales estén totalmente desbordados, tanto material como anímicamente. Los enfermos son acogidos bajo cobertizos y en tiendas plantadas en los alrededores del edificio hospitalario principal: afueras de las afueras. En la hospitalidad esencial, resulta difícil hablar de anfitrión. No hay dueño que decida a quién abrir la puerta y a quién no. La hospitalidad esencial tiene la lógica de la fraternidad: reconocimiento del hermano y respuesta.

9.

(Nota de otro cuaderno que necesitamos para lo que viene después).

Mercado. Ejemplo de lo *genuino* que ha degenerado. Más allá de la comunidad de amparo surgen relaciones aparentemente prosaicas como las del *intercambio* y del *mercado.* En la precariedad de la situación, nos intercambiamos los productos de nuestro trabajo: la leche de las vacas a cambio de la cesta del cestero, lecciones de matemáticas por clases de danza. Esto es prosaico sólo en apariencia; en verdad es poesía pura. Si alguien no se emociona por el hecho del mercado, quiere decir que ni entiende lo que significa, ni ve el verdadero alcance de sus degeneraciones. Mercado indica, en esencia, esto: lo valioso de trabajar con esmero durante la semana en la elaboración de varios cestos de mimbre para ir el sábado a la plaza y cambiarlos por alimentos y por otras cosas necesarias que supuestamente otras personas de oficio han elaborado con la misma diligencia. Esto no únicamente crea comunidad sino que expresa el buen hacer y la honestidad de las personas. El intercambio emerge de la comunidad y crea comunidad. Las degeneraciones son sabidas: fraude, usura, robo, mercantilismo, explotación, enajenación, especulación capitalista, consumismo exasperado... Hoy, la degeneración del mercado es tan poderosa que casi tapa totalmente lo poco que todavía persiste de genuino. Por eso, ante tal panorama, quedan pocas razones para celebrar y demasiadas para entristecernos. El mercantilismo no es una comunidad que tiene mercado, sino un sistema que lo ha convertido todo en mercancías de consumo, y en especulaciones sobre la nada, con lo cual ha hipotecado el mundo y la vida. Repitámoslo: no hay que sentir nostalgia por un pasado dorado, por lo demás inexistente, sino por un hoy degenerado ya desde el amanecer.

10.

Agradecimiento. Más allá del mercado. La comunidad que vive es una comunidad de personas agradecidas. El agradecimiento es un don sobre un don; una generosidad que es respuesta a otra generosidad. Se dan no sólo «cosas», sino también gestos, palabras, miradas. Aunque se dé algo material, la donación no tiene precio, porque es más relevante el acto de dar que lo que se da. Se da para amparar y cuidar, para hacer feliz al destinatario, para ayudar a quien lo necesita... Se puede dar acogida y recursos para vivir, así como también alegría, orientación, confianza, paz, vida...

Entonces, muchas veces, quien se siente receptor de alguna de estas donaciones, también da. Y da en forma de agradecimiento. No es intercambio. El don era gratuito, y el agradecimiento también. Podría no acaecer ni el don ni el agradecimiento, y nadie denunciaría nada ni llevaría tal carencia ante ningún juez. El agradecimiento constituye una excepción a la lógica del intercambio y del mercado (a la lógica del *quid pro quo*: una cosa por otra). No se trata de comercio; no hay regla. Hay un primer don, y un don que viene después. Ambos son principio; son iniciativa; son regalo; son generación y generosidad. En algunas ocasiones el primer acto de dar ha sido tan discreto que es el agradecimiento posterior lo que lo pone de manifiesto. El «placer» de dar no es ninguna objeción consistente. Precisamente en las afueras no hay que pretender toparse con la pureza absoluta. No encontrar la donación pura o el agradecimiento puro no demuestra nada. Paradójicamente, llevar algo al extremo puede significar su desaparición o, incluso, la aparición de lo contrario. La donación absoluta, sin un mínimo de posición, llevaría a la propia aniquilación por agotamiento. Más allá o más acá de la pureza, hay actos de genuina generosidad y actos de genuino agradecimiento que, en el mejor de los casos, eso sí, se llevan a cabo «con gracia». Porque la manera de hacer las cosas no es un mero envoltorio. Hay que tener la gracia de dar y la gracia de agradecer. La gracia ha de bendecir a ambos: a quien da y a quien recibe. Las Tres Gracias eran divinidades menores del cortejo de Afrodita, y Goethe, en su *Fausto*, las celebra y las canta a raíz del tema que nos ocupa. Habla de la gracia de dar, de la gracia de recibir, y de la gracia de agradecer; de dar con gracia, de recibir con gracia, y de agradecer también con gracia.

11.

Agradecimiento (bis). La interpretación técnica del «principio de razón» aplicado a la sociedad podría traducirse como la ejecución de la fuerza y del poder, es decir, como la *ejecución de las posibilidades en sentido extensivo.* Si puedo comprar una isla, la compro. Si puedo vivir a costa de los demás, lo hago. Si puedo ganar una guerra, la declaro. Si puedo acaparar «todo», lo acaparo. Entonces, ayudar o dar sería una excepción a este movimiento, porque ambas acciones no procuran lograr más para uno mismo, sino conseguir que el otro sea más. Ayudar al enfermo a sanar, al vecino a arreglar el tejado, al discípulo a saber más...: excepciones a la extensión, en cuyo desarrollo tal vez el yo que da gane algo, pero no en el sentido de la extensión ni del dominio. Esta excepción de la fuerza es otra fuerza totalmente diferente a la primera. La fuerza de la bondad, la fuerza de la generosidad, son excepción a la fuerza de la fuerza. No el don como forma de posesión, de expansión o de compra, sino el don como verdadera generosidad: dar retirándose. Quien así da, reconoce al otro en el otro, y es capaz de dejarle espacio retirándose él mismo. Esta excepcionalidad del don facilita el auténtico agradecimiento, que es reconocimiento de la bondad del donador. Esto viene subrayado muy oportunamente por la mirada atenta de Simone Weil.[3] Astro rutilante, porque nos salva aquí de las sombras proyectadas por la sospecha nietzscheana que pretende descubrir debilidad y sumisión. Según Weil, es absolutamente imprescindible que quien reciba no vea al donador como poderoso sino como buena persona; no a alguien que ofrece limosna desde su superioridad, sino a *alguien que da al hermano.* Obvia-

---

[3] Simone Weil, *A la espera de Dios,* trad. María Tabuyo y Agustín López, Madrid, Trotta, 1993, pp. 90 y ss.

mente ello no puede ser sólo una apreciación relativa. Exige algo en el donador. Requiere algo en todos. ¿Qué? Pues la conciencia de la franciscana *minoridad*. Esa minoridad es la vacuna definitiva contra todo tipo de sumisión, de altivez y de rebajamiento «condescendiente». Sin altura no puede haber ni bajada ni descenso, así como tampoco mirada de abajo hacia arriba. Todos estamos *aquí*.

Weil también plantea la identificación entre bondad, justicia y generosidad. Amar al otro, ser justo con el otro y ser bueno con el otro son equivalentes—la política social sería la prolongación colectiva de este gesto—. Es la *ausencia de superioridad* lo que permite agradecer sin ningún tipo de servilismo ni de sumisión. Quien agradece ve en el otro una virtud, que cabe llamar, casi indistintamente, justicia, bondad o generosidad. A su vez, el agradecimiento es también un acto de justicia, de bondad y de generosidad. Quien agradece, expresa la misma virtud excepcional. Estamos todos en la misma orilla. Compartimos la misma *condición* de las afueras: intemperie y vulnerabilidad (el médico será paciente; el fuerte, débil; el joven, viejo; el alegre, triste…). Pero en ciertos momentos, uno puede ayudar a otro. Y el otro quedar agradecido. Esto, que se manifiesta tan estimable, explica la pena y el desencanto que, en general, provocan las situaciones de desagradecimiento. El desagradecido—y el insensible, y el indiferente—es como el insensato: no advierte lo que pasa; tiene atrofiada su capacidad de sentir. Vive poco la vida. Por eso, ser desagradecido es mala cosa. Denota incapacidad para generar y falta de vitalidad. El desagradecido es egoísta por definición y en lugar de crear comunidad, la mina.

«¿Qué se dice?», y la chiquilla o el chaval responde: «Gracias». Que el automatismo vaya siendo sustituido por la cordialidad y emergerá la comunidad que vive, que cura y que *regenera*. La comunidad regeneradora es la del génesis auténtico. La comunidad que vive está formada por personas agradecidas. Todos son donantes y receptores agradecidos. La gratitud acaba siendo generadora de la calidez ambiental, la que incluso corrige y equilibra el peso del mérito y del reconocimiento que se espera obtener. La gratitud suaviza las relaciones, debilita las tensiones y las expectativas del deber. Promueve los gestos de la amabilidad y, finalmente, da sentido a la esperanza. Porque no hay esperanza sin sentido de la comunidad. La comunidad cura con la *esperanza* que misteriosamente ella misma es. Entrevemos algo: en el fondo del fondo, el contenido de la esperanza tiene que ver con lo que une a las personas. El misterio es el misterio de la relación, de la comunidad. A veces imagino una altamente improbable conversación con un ángel o con alguien venido del más allá. Si inesperadamente esto aconteciera, y en algún momento me preguntara sobre cómo es aquí la convivencia humana, nada mejor habría que poder responder con los versos de René Char: «En mi tierra se sabe agradecer».

12.

Generosidades. Según el tópico, la filosofía no sirve para nada. Sería sobrante, gratuita. De nada, o de muy poco, serviría para manipular las cosas, o para obtener poder y dinero. En efecto, aunque quepan transacciones en forma de libros o lecciones en la academia o en la universidad, lo esencial de la filosofía—del pensar—es de otro orden. Pero fijémonos en la figura concreta del filósofo—que todos somos, o podemos ser—. Sócrates explica lo que sabe a todo el mundo. En cambio, de camino hacia los tribunales, se encuentra a Eutifrón, que es una especie de sacerdote portador de una aureola que él mismo ha contribuido a crear.

EL DESPLAZAMIENTO POLÍTICO

Son muy ilustrativas las palabras con que Sócrates se dirige a él:

Quizá tú das la impresión de dejarte ver poco y no querer enseñar tu propia sabiduría. En cambio yo temo que, a causa de mi interés por los hombres, dé a los atenienses la impresión de que lo que tengo se lo digo a todos los hombres con profusión, no sólo sin remuneración, sino incluso pagando yo si alguien quisiera oírme gustosamente.[4]

Mientras que Eutifrón es un tipo raro que se hace rogar y sólo se jacta de sí mismo, Sócrates es desprendido y generoso. El filósofo ofrece a los demás lo que sabe: si no fuera generoso, no sería filósofo.

Hay un tipo de generación natural y espontánea como la del sol. Genera luz y calor para todos. Y nos aprovechamos. Pero también genera cúmulos de energía que nadie utilizará y se perderán. Energía malograda, se dice en tiempos de penuria. Energía que no se utiliza. Si mirásemos la vida únicamente en función del paradigma de lo útil, entonces, la energía o los esfuerzos que no «sirven» para nada, serían malograda. La vida se entendería exclusivamente como expansión, como ocupación de más espacio y acumulación de más poder y más posibilidades. Por supuesto que no hay nada que «sirva» más que ayudar. Sin embargo, la generosidad humana rebasa los registros de lo útil y de lo inútil. El sacrificio por alguien que a pesar de la ayuda no salvará la vida parece un sacrificio inútil, pero tiene todo el sentido del mundo, porque muchas veces la bondad no se puede medir por su utilidad, sino por lo que va más allá de

---

[4] Platón, *Diálogos: Eutifrón*, vol. II, 3d, trad. J. Calonge, E. Lledó y C. García Gual, Madrid, Gredos, 2002, pp. 220-221.

lo útil y de las cosas; como la acción de una enfermera que cada día hablaba discretamente al joven en coma mientras le peinaba con delicadeza.

La generosidad diversifica sus formas y crea una constelación de elementos. Hay un tipo de generosidad que parece renuncia y retirada. Y algún bien hace a los demás. No es la generosidad del surtidor sobreabundante, sino la generosidad de la cesión, que sólo superficialmente parece inútil. Tal vez sea la utilidad más elevada de todas. Hay una generosidad que da. Hay una generosidad que agradece. Hay una generosidad «inútil» que renuncia...

13.
Juventud política y fraternidad viva. Aquí, en las afueras, siempre queda mucho trabajo por hacer. «Juventud» y «ayudar» tienen la misma raíz. Propiamente hablando, jóvenes son los que ayudan a sostener la comunidad. Precisamente por eso, no hay que hacer coincidir la juventud con un período de la vida. Quien ayuda, hace política y es joven. No debería haber más política de la juventud que ésta. La juventud política es anárquica en el sentido de que no suscita la abstracción sino lo concreto, y lo poco abstracto que propone lo arraiga bien en la base. Sabe que la vida y la comunidad tienen sentido y valen la pena. Y sabe que todas las grandes palabras únicamente adquieren significación a partir del sentido de la vida en comunidad y no al revés. Como si la juventud política compartiera la queja expresada por Joan Maragall ya hace más de un siglo: «No se trata aquí de filantropía, ni de humanitarismo, ni de todas esas zarandajas automáticas [...]; se trata de amar; y sólo lo vivo se puede amar en vivo, y sólo amar en vivo es amar».[5]

[5] Joan Maragall, «Elogio del vivir», en: *Obres completes*, Barcelona,

La anarquía de los que aman a sus hermanos es la base esencial e inexcusable de toda comunidad digna de las grandes palabras políticas. La anarquía de la generosidad es la base del orden. Los que aman a sus hermanos son los que han dado el paso atrás respecto a la evidencia de lo que domina. Son los que, como dice Jan Patočka, viven comprometidos con algo que está por encima de las ideas de progreso, socialismo, democracia... Son los que vitalmente han comprendido que estas palabras sólo tienen sentido a partir de ese compromiso.

14.

Empezar. Iniciar juntos. *Con*vivir no es vivir unos al lado de los otros, sino darse vida unos a otros. La comunidad que vive empieza y, en cierto sentido, no acaba.

Selecta, 1947, p. 841.

IX
EL PENÚLTIMO PENSAMIENTO
Y EL SER CAPAZ DE VIDA

Pensar es generar mientras se espera. El pensamiento, que es una forma de deseo, abre sus manos de mendicante y aguarda la llegada de alguna tierna migaja metafísica. Afortunadamente, esta espera vigilante es fecunda, pues genera conceptos, palabras y acciones, curadores, vivificadores y hondos. Generar mientras se espera: espera creadora, espera poética, espera fraterna; generosidad propia del mientras tanto y de las afueras.

PENULTIMIDAD

Se puede colocar la última piedra de una catedral, o segar la última espiga de un campo de trigo. Pero ¿cómo se podría realizar el último y definitivo acto de pensamiento de tal manera que ya no fuera posible hacer ningún otro? El pensar no es del orden de la ultimidad, y por eso todo pensamiento es penúltimo. El pensar es del orden de la vida; es expresión eminente de la vida viviéndose. Vivir y pensar se conjugan juntos.

Hay procesos en cuyo seno ya está inscrita la finalización o el *telos* que va a suponer su cumplimiento. No es esto lo que ocurre con la vida que se vive. Sabemos del final inevitable, pero este saber no concuerda con el hecho de vivir. El sentirse viviendo no percibe ningún final que pueda completarlo. Es obvio que el ser humano es finito y muere, pero su sentirse viviendo es experiencia que ni indica ni alcanza ninguna completitud. Así, lo no-finito traspasa este mundo en forma de vida vivida. A pesar de que el sentir del sentir pueda quedar debilitado hasta el límite—por la enfermedad o por la vejez—o incluso amputado para siempre—con la muerte—, lo que se oscurece o queda interrumpido no termina, si por terminar se entiende alcanzar un hito donde, puesta la última pieza del puzle, toca dejar de ser.

El tiempo nihilizador y la muerte se encargan de que todo pase. De aquí que, si se toma sólo este sentido restringido de tiempo, tenga de nuevo razón Simone Weil cuando observa que *sólo tiempo* sería el infierno. Infierno porque todo sería finalmente nada; porque, de alguna manera, todo sería ya actualmente nada. Y en esa nada, la vida—el sentirse vivir—se asfixiaría. Pero sería el infierno, sobre todo, en relación con las biografías de sufrimiento y de injusticia. La interrupción de lo que sentimos doblemente inacabado es aún más conmovedora. Con sólo tiempo, la perspectiva de la redención de la que habla Adorno no iría mucho más allá de un esteticismo anodino. La perspectiva de la redención no es ningún añadido lógico, sino la esencia de la vida que, en su afección infinita, combate contra la ignominia. Precisamente aquí Benjamin, en diálogo con Adorno, mantiene que la rememoración (*Eingedenken*) puede hacer de lo concluso (el dolor) algo inconcluso.[1] Fijémonos que la rememoración es una posición del pensar (*denken*); del pensar que planta cara al tiempo continuo que lo deja todo definitivamente pasado; del pensar que, como también podría decir Benjamin, está movido por una «débil fuerza mesiánica».

El pensamiento se amotina contra lo periclitado, contra la fatalidad, contra lo absolutamente concluido y contra el

---

[1] Benjamin, *Libro de los pasajes* (N 8, 1), *op. cit.*, pp. 473-474.

destino. El pensamiento (la pasión de la vida), se subleva contra la mítica de lo mismo, o, en afortunada expresión de Hans Blumenberg, contra el «absolutismo de la realidad». Que todo esté ya decidido y pasado equivale a que todo sea lo mismo. El pensamiento introduce la alteridad, o la alteridad entra a través del pensamiento. Si dicha mítica—no toda mítica—comporta petrificación, el pensamiento, en cambio, comporta alteridad. El infierno es de la mítica de lo mismo. El pensamiento agrieta el infierno. La mítica de lo mismo es la continuidad del tiempo que pasa inexorablemente por encima de vivos y muertos. El pensamiento conecta con la maravilla del nacimiento y del encontrarse venido a la vida—del encontrarse habiendo nacido—. La mítica de lo mismo conecta con la ley de la muerte.

La afirmación nietzscheana del eterno retorno sellada por «y así lo he querido», es un esfuerzo titánico para elevar la mítica de lo mismo a la categoría del pensar. En cambio, hay quien está en la otra trinchera y no tiene ninguna intención de ceder. Se trata de personas dispuestas a resistir hasta el límite la amenaza de lo mismo. Solidaridad de los conmovidos, que no permiten cerrar la puerta y dejar que la ultimidad o el destino mítico ganen la partida, y que se mantienen fieles, no a ninguna tesis idealista ni a ningún credo arbitrario, sino a la esencia de la vida. Si bien no es posible negar la ley de la muerte, sí cabe permanecer fiel al inexplicable hecho de encontrarse venido a la vida y de sentir su penultimidad.

Contra toda lógica, el pensar puede ir al pasado para hacerlo imperfecto, es decir, pendiente. El conocimiento historiográfico, en particular, y el de las demás ciencias, en general, lo tachan de afán poético o religioso. Pero la pasión del pensar no se frustra lo más mínimo por tal desaire, e incluso encuentra allí un motivo para generar todavía mayor coraje. La vida y el pensar resisten frente a la tiranía del tiempo homogéneo.

Se podría objetar que aquí se confunden planos, y que una cosa es la experiencia—la afección—de la vida viviéndose, y otra cosa es la exigencia de sentido sobre las vidas truncadas por el sufrimiento y la injusticia. Pero, en realidad, la protesta enérgica y la exigencia de sentido lo son precisamente sobre todas las *vidas* dañadas. Tal como muestra el benjaminiano ángel de la historia, nuestro pensar—nuestra vida—se hace solidario de todas las vidas personales, que quiere rescatar de la tiranía de lo mismo. Hay vínculo y complicidad entre el sentir la penultimidad de la vida vivida y la protesta por toda vida singular amputada prematuramente por la violencia o la enfermedad, o ahogada de inicio a fin por el peso del dolor.

El pensar, que es vida, se hace solidario con todas las vidas. Con todas las vidas que, vividas en su fuerza y en su viveza, significan el «para siempre» del haber venido a la vida, imposible de ser borrado. Dicho de otro modo: el pensar se hace solidario porque es un verdadero infinitivo de la vida. El pensar se hace solidario porque es solidario.

Todos los números vibran menos el último. Pero el último no existe. Todos los pensamientos son penúltimos. El penúltimo pensamiento no se termina nunca. En el orden de la vida sentida, todo es penúltimo. El misterio de la vida no está en la ultimidad de la muerte, sino en la penultimidad de la propia vida viviéndose y pensándose. Quizá del misterio de la vida lo único que quepa vislumbrar es que es el misterio de la vida y no de la muerte; que la ley de la muerte forma parte del misterio de la vida y no al revés. Que la muerte siempre viene para sellar la vida; pero sólo puede venir porque hay vida. La muerte depende de la vida, pero no necesariamente la vida de la muerte.

PROLONGACIÓN DEL SENTIR Y LECTURA DEL MUNDO

Para rumiar este *penúltimo* punto, conviene retroceder un poco y tomar aliento. El pensamiento es generado por la vida; es una prolongación del sentir, o su principal pasión. Una pasión en la que ya nos encontramos pero que es posible intensificar. Ya pensamos y podemos *querer* pensar. El pensamiento es *reflexividad voluntaria*, a partir de la reflexividad involuntaria del sentir; reflexividad voluntaria que requiere la interrupción de ciertas actividades o quehaceres, y un ponerse a ello o un intencionado dejarse llevar.

El sentirse sintiendo es la cuna del pensar. Ya hay claridad en cualquiera de las cosas que hacemos: en coger el melocotón de la cesta o en regar la flor de la maceta. Pensar es *cogitare*, es decir, *co-agire*: hay pensamiento en la acción misma, por simple que sea. El repliegue del sentir opera en el *querer* hacer algo; *intentar* es pensar. El pensamiento emerge del darse cuenta que acompaña a nuestra apertura al mundo y a toda acción. *Vemos* y *leemos* el mundo y en él actuamos eficazmente. Sentir el mundo ya es advertir su inteligibilidad. Nuestra apertura al mundo es una forma de empezar a descifrarlo, es decir, una forma de separar y juntar los elementos. Al hecho de sentir la inteligibilidad—la legibilidad—del mundo lo llamamos «inteligencia»—*inter-legere*—. Y, dicho sea de paso, sobre esto tan radical, mejor sería no proyectar ni clasificaciones ni etiquetas. Inteligencia como capacidad para separar y para reunir, analizar y sintetizar. Es la misma capacidad que se expresa como logos, reunión. *Ratio* e *intellectus* han sido las dos palabras más habituales para referirse a esta capacidad. Y son dos palabras, y no una, porque ya desde la filosofía griega se diferencian dos dinámicas interdependientes: discurrir-argumentar-leer y ver-intuir-descubrirdarse cuenta. Son dos dinámicas que se necesitan mutuamente—hay circularidad—: rozamiento de los elementos y chispa; esfuerzo para reunir y momento intuitivo de la comprensión; diacronía de la deliberación y sincronía de la intuición.

La lectura de la realidad surge de la *situación*; de la vida concreta y singular, fáctica, que se siente y que necesita camino. Leemos la realidad para discernir y orientarnos mejor. Leemos desde el fondo de las cosas—la esencia—hasta las epidermis igual de esenciales—una mirada, un gesto—. Toda lectura proviene de nuestra apertura afectiva al mundo. Que en una de sus modalidades se pueda llegar a desplegar como lectura «objetiva» de ninguna manera anula el carácter de la apertura basal y originaria. Precisamente aquí nos encontramos con una bifurcación decisiva que hay que señalar bien.

CONOCER Y PENSAR

Bifurcación en dos movimientos, que podemos englobar bajo el epígrafe genérico de «pensar» y decir que el primero es un «pensar extensivo» y el segundo un «pensar intensivo», o bien, directamente, se pueden dar dos nombres diferentes y llamar «conocer» al primero, y «pensar» al segundo. Ahora opto por esta segunda fórmula, al igual que hace Heidegger cuando escribe una frase sólo aparentemente peyorativa para la ciencia (conocimiento): «La ciencia no piensa».[2] En efecto, ni reprocha nada a la ciencia ni

---

[2] Martin Heidegger, «¿Qué quiere decir pensar?», en: *Conferencias y artículos*, trad. Eustaquio Barjau, Barcelona, Serbal, 1994, p. 117.

la desprecia, sino que subraya una distinción. La ciencia sería del orden del conocer, es decir, de la objetividad y de la representación. No así el pensar, que sería del orden del señalar y del aproximarse. El pensar es como una vigilia, o más un ahondar que un avanzar. Si el conocer tiene que ver con lo que se puede poner en frente—objetivar—, definir y representar, el pensar aspira a remontar más allá de la presencia y de la representación.

El conocer—que actualmente se expresa sobre todo como conocimiento científico—tiene más bien una estructura lineal y progresiva. Las teorías científicas aspiran a describir la estructura o el funcionamiento de las «cosas» (de la célula, de la sociedad, del cosmos...). Hoy más que nunca el conocimiento de la realidad tiene un carácter técnico: conocimiento y dominio van estrechamente ligados, y de ahí lo pertinente de denominaciones como «tecnociencia». En cambio, del pensar tendríamos manifestaciones en la reflexión, en la crítica—el examen de uno mismo y de sus pretensiones—, o en la búsqueda del sentido de la vida. Aquí, más que extensión y progreso, hay intensidad y profundización. Pero pertenecemos a una época en la que la hegemonía del conocimiento arrincona la experiencia del pensar. O, para decirlo con más precisión, en la que la experiencia del pensar está siendo sustituida casi en todas partes o bien por la divulgación mal digerida de conocimientos científicos, o bien por la digestión de pseudoconocimientos científicos. Lo que en lugar de una contraposición podría ser una tensión rica y estimulante—entre conocer y pensar—, se está convirtiendo en el terreno indiferenciado y gris de un dominio.

El conocer se funda en la tesis de la objetividad, consistente en presuponer que, de algún modo, todo es susceptible de ser puesto delante y de ser descrito tal como es. El pensar, en cambio, busca el sentido de las cosas, en su relación esencial con el «sentido de la vida». Por un lado, conocer la realidad; por otro, pensar el sentido. La pregunta por el sentido de la existencia humana no es reducible a la pregunta de cómo es alguna de las estructuras del mundo. El sentido es siempre relativo a la forma de ser del humano, al sentirnos vivir. Pensar es pensar la significación de las cosas en la vida—en el sentido de la vida—. De modo que el sentido no es la descripción de cómo es la estructura «real» de la cosa: el sentido de los alimentos no radica en su composición química, sino en el hecho de ser contenido y gozo de la vida; el sentido de la casa no está en su estructura material sino en el hecho de ser amparo físico y existencial; el sentido de las nubes no procede de ser la evaporación del agua, sino de algo relativo a la ensoñación y la poesía; el sentido de la camaradería no lo dará el descubrimiento de ninguna estructura neurológica, sino la experiencia entrañable de vivir compartiendo la soledad... Debido a esta relación del sentido con la vida, pensar es, en el fondo, una *concentración*, es decir, un esfuerzo para dirigirse y tratar de tocar un solo punto:

Un filósofo digno de este nombre jamás ha dicho sino una cosa; mas ha intentado decirla de lo que verdaderamente la ha dicho. Y no ha dicho sino una cosa porque no ha visto más que un punto, que también fue menos una visión que un contacto.[3]

El pensar sería el esfuerzo reiterado e indesmayable para reconducir «las cosas de la vida» hacia una dirección esencial de la cual notamos que proviene una especie de confir-

---

[3] Henri Bergson, *Introducción a la metafísica y La intuición filosófica*, trad. M. Héctor Alberti, Buenos Aires, Leviatán, 2011, p. 73.

mación silenciosa. Por eso el pensamiento es una aproximación inacabable y un intento de decirla.

Pensar, pues, es una actividad que tiene que ver con el sentido; con la significación que las cosas tienen en el seno de nuestra vida. El sentido, a diferencia de la estructura o de la «objetividad» de las cosas, no se deja representar ni definir nunca totalmente. No puedes decir: «y eso es todo». Al sentido te acercas paulatinamente. Podemos dar la siguiente definición: la molécula de agua está formada por dos átomos de hidrógeno y uno de oxígeno. Pero no podemos definir la envidia, el tiempo o el arte de la misma manera. El pensar, pues, tiende a remontar más allá de la representación y de la definición concluyente. Esto, a veces, exige forzar la lógica. Aunque pensar significa pensar «lógicamente», también se exige que, para pensar, se vaya con lógica más allá de la lógica. Decir, por ejemplo, que «se quiere pensar lo impensable» no es algo carente de significado, aunque en apariencia la frase sea contradictoria.

En parte, la «lógica» del pensar tiene que ver con la acción de señalar, de sugerir, o de alcanzar cierta vecindad. A veces se requiere rebasar la lógica y la significación habitual de las palabras. El lenguaje tiene más fuerza si no se separa de los silencios, de los sentimientos y de los compromisos. Puede suceder, por ejemplo, que a través de la experiencia de la responsabilidad consigamos ver ciertas cosas: «la ética es una óptica», sostiene Lévinas. Por supuesto que aquí «ética» no indica ninguna disciplina ni ningún contenido, sino una experiencia moral. En resumen: pensar es una pasión. Por ello, finalmente, sólo un alma conmovida es capaz de verdad.

EL PENSAR QUE CONCIBE

Este pensar más allá de la representación que adquiere la forma del acercarse nada tiene que ver con el hecho de apropiarse o de invadir. En caso de colonización, ningún acercamiento es posible. El afán de dominio está reñido con la visita «educada». El pensar o procede con tacto y respeto, o no va a ninguna parte y, literalmente, permanece en lo mismo.

No por casualidad, disponemos de una emblemática y bella palabra muy afín al cuidado y al acercarse: es la palabra *concebir*, que indica la acción de recibir al bebé después de haber sido gestado y esperado. Sin embargo, es cierto que también hay quien ha querido relacionar el pensamiento con una actitud más poderosa, lo que se ha podido reforzar, por ejemplo, indicando que el término alemán para «concepto» es *Begriff*, cuyo significado procede de agarrar. En esta dirección, recuerdo haber leído hace muchos años un libro sobre Hegel con un título muy bien hallado: *La paciencia del concepto*, de Gérard Lebrun. Contra lo que de antemano el título podría sugerir, se trata de una incisiva explicación de cómo procede el pensamiento especulativo hegeliano, donde el concepto ni espera pacientemente, ni pacientemente se acerca, sino que pacientemente lo transforma y lo engulle todo. Pues bien, esto último es justo lo contrario de lo que quiero subrayar y asumir aquí, con una actitud «más mediterránea», en sintonía con el concebir latino, y con la paciencia de la madre que espera y acoge al hijo que viene; al hijo que, aun siendo *concebido* por la madre, es auténticamente *otro*, y no invita a la apropiación sino al recibimiento y a la aproximación. Después del parto, la madre toma al bebé en brazos, para protegerlo y mecerlo. Acunar y acariciar: esto es metafísica. Brazos, manos y dedos mendicantes que reciben y sienten lo que verdaderamente es. La delicadeza es connatural al tacto, y más aún al tacto que rodea la concepción. Pensar como concebir, y concebir como esperar y acoger.

EL PENSAR Y EL AMAR

Ahora bien, ¿acoger no es una forma de amar? Y, de ser así, ¿no tendríamos en el amar una manera de dirigirnos hacia el pensar? Más aún: ¿y si el pensar más genuino fuera una forma de amar? Entonces, incluso podríamos vernos conducidos a beber de nuevo en la fuente primordial, allí donde el agua de vida es a la vez *logos* y *ágape*.

También Heidegger destaca la afinidad entre amar y pensar en el ya citado «¿Qué quiere decir pensar?». En él, recuerda el bellísimo poema de Hölderlin titulado: «Sócrates y Alcibíades». A la pregunta de cómo es posible que esté tan enamorado de Alcibíades, Sócrates habría respondido: «Quien piensa lo más profundo, ama lo más vivo» (*Wer das Tiefste gedacht, liebt das Lebendigste*). Con su indiscutible agudeza, Heidegger comenta que la fuerza del verso está puesta en los dos verbos y en su contigüidad: pensar y amar. Pero, como era previsible, tal comentario viene colocado en su esquema recurrente según el cual para ir hacia la verdad hay que dejar atrás tanto al sujeto como a la cosa tematizada en su supuesta identidad. De este modo, cabría llegar a un aparecer más originario en cuyo centro está también lo que se vela y en donde lo más importante es el verbo, el movimiento.

Por de pronto, se puede seguir disciplinadamente la pista heideggeriana. El verbo *pensar* lleva a un contexto prepredicativo de tensión, espera, apertura y exploración; a una capa cercana a lo que más calienta, similar al núcleo incandescente de la tierra. ¿Y el verbo amar? Pues casi igual: sentimos que el amar lleva también hacia el corazón de la vida, que es de donde viene.

Pero mejor seguir a Heidegger sólo hasta aquí porque, después, su manera de proceder es demasiado parcial. Precisamente con respecto a *estos* verbos, hay que poner de relieve el *quien*—el sujeto del verbo—. El quien que es la persona que siente, ama y piensa. Y que ama a otra persona. Está claro que hay que huir de planteamientos sustancialistas y estáticos, pero aquí la fuerza del verbo no puede desligarse del misterio de la vida, que es el misterio del *quien* que vive la vida. Recordemos la lección franciscana: la dramática de la vida es la dramática de las criaturas. La criatura que piensa a fondo, el que mira sagazmente el mundo, ama lo más vivo. Y lo más vivo se expresa en el rostro de otras personas. No hay pensamiento o amor general o impersonal: siempre es *alguien* quien se siente vivo, siempre es alguien quien piensa, siempre es alguien quien ama. Y, además, en este último caso, son sobre todo—aunque no sólo—las otras personas las destinatarias del amor.

Emparejar pensamiento y amor nos aleja de la concepción idealista del pensar y nos muestra que nunca se trata de una acción impersonal. Esto es: nos aleja del peligro de la abstracción y nos permite regresar a lo concreto; a lo concreto, es decir, a lo que verdaderamente *crece*. El filósofo se salva cuando sus pensamientos no sustituyen ni las cosas ni a las personas. El quien, que ama, revela al quien que piensa. *El amor, que es amor personal, ilumina el pensar, que también es pensar personal.* Ni la Naturaleza, ni el Espíritu Absoluto, ni la Historia, ni la Sociedad... piensan. Se puede pensar la totalidad pero no hay pensamiento de la totalidad en caso genitivo. Un *quien* humilde que, sin embargo, tiene la mirada y la palabra independientes, es el quien que piensa.

Este quien, que piensa lo más profundo, ama lo más vivo. El quien, que es aquel que siente, que siente la vida, intensifica su sentir por el hecho de pensar, y por el hecho de amar. La vida se siente aún más gracias al amor por el otro —¡y del otro!—.

Esta intensificación del sentir, producida por el amor, es tan especial, que lleva a un *empate sublime*, expresado prodigiosamente en los inspirados versos del Cantar de los cantares: «Porque el amor es fuerte como la muerte, | la pasión, inflexible como el sepulcro».[4]

Se puede llegar a amar sin medida. De hecho, el amor auténtico no tiene medida, y el extremo al que puede llegar hace verosímil el empate. La expresión coloquial «morir de amor» no es sólo alegórica. Indica un límite extraordinario. Y en esto hay quien tiene una ventaja; sólo una ventaja, pero significativa. Lo comenta magistralmente Franz Rosenzweig: «Una mujer joven puede estar madura para la eternidad del modo en que un hombre sólo lo está cuando Thánatos pisa sus umbrales».[5] Poder morir de amor es lo que hace que el amor sea tan fuerte como la muerte. Como dice Camus en una de sus narraciones cortas («Jonas, o el artista en el trabajo»), un poco de amor es algo enorme. Si un poco es enorme, ¿qué será mucho? Por eso, la muerte vendrá, pero el amor es tan fuerte como ella. La muerte es fortísima. Pero he aquí que, de alguna manera, el amor es igual de fuerte. La prenda y el recuerdo de este empate sublime hacen resonar a modo de jaculatoria que «el amor es tan fuerte como la muerte».

---

[4] Cantar de los cantares 8, 6.
[5] Franz Rosenzweig, *La estrella de la redención*, trad. Miguel García-Baró, Salamanca, Sígueme, 1977, p. 201.

Lo *más vivo* es el amor por los demás y de los demás. Lo más vivo es el amor, pero no un amor difuso, sino personal. Se estima al otro. Se da al otro. El verbo tiene sentido porque el destinatario es concreto. Lo que hace que la vida se sienta aún más, lo que hace que la vida se intensifique, es lo que hace que la vida sea tan fuerte como la muerte.

Y he aquí la paradoja más mayúscula: la vida, el pensamiento y el amor, por un lado, se conjugan con la muerte —sin la cual no serían lo que son, ni tendrían el valor tan grande que tienen— y, por otro lado, chocan con ella y le plantan cara. Mantienen el tipo ante la muerte. Y pese a que el combate lo gane materialmente la muerte, no está claro que sea una victoria en todos los sentidos. Gracias a tal incertidumbre podemos referirnos a este sublime empate. Y vaya como vaya el desenlace, la lección extraída de la vecindad entre pensar y amar es diáfana: *quien piensa, ama y, por eso, vive.*

Amor y pensamiento son vibraciones de la vida, intensificaciones de la vida, pasiones de la vida, infinitivos de la vida —*los infinitivos* de la vida—. Amor es vida y pensar es vida. Un pensamiento que no intensifique la vida, no es pensamiento. Regresamos de este modo al punto de partida: el pensamiento es la prolongación de la vida. Citábamos, entonces, a Aristóteles, a Descartes, a Ortega y a Henry, hablando del sentir. Podemos añadir ahora aliados tan diferentes como Arendt, Unamuno o Deleuze, hablando también del pensar. Arendt dice que «la única metáfora posible que puede concebirse para la vida del espíritu es la sensación de estar vivo».[6] No sólo metáfora. Ella misma continúa escribiendo:

---

[6] Hannah Arendt, *La vida del espíritu*, trad. Fina Birulés y Carmen Corral, Barcelona, Paidós, 2002, p. 146.

El pensamiento acompaña a la vida y es, en sí mismo, la quintaesencia desmaterializada del ser vivo; y puesto que la vida es un proceso, su quintaesencia sólo puede residir en el proceso del pensamiento real y no en algún resultado tangible o en un pensamiento concreto. Una vida sin pensamiento es posible, pero no logra desarrollar su esencia; no sólo carece de sentido, sino que además no es plenamente viva. Los hombres que no piensan son como sonámbulos.[7]

Por ser la actividad más elevada y placentera, es la más «divina». Quien piensa vive más; vive más que nada más. Pensar es como vivir dos veces, pero no por la longitud, sino por la intensidad. Pensamos lo que sentimos, y la intensidad procede de esta pasión. «Lo pensado es, no lo dudes, lo sentido», dice Unamuno.[8] Pensar es la viveza, la vitalidad y la pasión de la vida sentida. En esta misma dirección apunta Deleuze: «Es verdad que, en el camino que conduce a lo que queda por pensar, todo parte de la sensibilidad. De lo intensivo al pensamiento; siempre es por una intensidad que adviene el pensamiento».[9]

En las afueras, la vida que ama, la vida que piensa. El pensamiento que genera mientras espera. Vida y pensamiento que son penúltimos, nunca últimos. Lo mejor de amar es el infinitivo. Al igual que de pensar. En realidad, todo lo que se ha amado a fondo sigue amándose. Pensar es como vivir; pensar es vivir. Y por ello, la respuesta a la pregunta «¿Para qué sirve pensar?», es la misma que a las preguntas «¿Para qué sirve vivir?» y «¿Para qué sirve amar?».

---

[7] *Ibid.*, pp. 213-214.
[8] Miguel de Unamuno, «Credo poético», en: *Obras Completas*, XIII, Madrid, Vergara, 1958, p. 200.
[9] Gilles Deleuze, *Diferencia y repetición*, trad. María Silvia Delpy y Hugo Beccacece, Buenos Aires, Amorrortu, 2006, p. 223.

SER CAPAZ DE VIDA

Ya en los primeros capítulos se ha distinguido el mero *estar vivo* de la excepcionalidad humana del *sentirse viviendo*—hecha posible por *el repliegue del sentir* que va de la piel hasta el corazón y del corazón hasta la piel—. El itinerario recorrido hasta aquí nos ha mostrado que sentirse vivir es, al mismo tiempo, sentirse hermano de los que viven, poder ampliar e intensificar la vida, poder hacerla vibrar, poder hacer vivir la vida, poder avivar. Y que las pasiones que hacen vibrar la vida son principalmente la del amor (una expresión privilegiada de la cual es la bondad) y la del pensamiento. Pues bien, a este poder hacer vibrar cabe llamarlo *ser capaz de vida*. Sentirnos vivir es ya inicio del ser capaz de vida. Por eso, vivir es el camino posible de la intensificación de la vida; es la *posibilidad* de la vida. De estar vivo a sentirse vivo, y de sentirse vivo a ser capaz de vida. Quien piensa y ama no sólo vive, sino que es capaz de vida. Y justamente ahí radica la excelencia de lo humano.

Nos encontramos viviendo—entramos a la vida—pasivamente, y salimos también pasivamente—la muerte nos llega—. Pero he aquí que, en el intervalo, la fidelidad a la vida misma nos hace capaces de vida.

Alguien que es capaz de vida. Siguiendo a Leibniz, admitimos que es realmente admirable que haya algo y no más bien nada. Pero el misterio del mundo y el misterio de la vida son uno. Y el misterio de la vida es el misterio de alguien capaz de vida. Así que transcribimos la pregunta metafísica por excelencia, «¿Por qué en general algo y no más bien la nada?», a esta otra de formato equivalente: «¿Por qué en general *alguien* y no más bien *nadie*?»

Alguien quiere decir alguien que no se ha dado la vida a sí mismo, que no se ha creado a sí mismo, y que, sin embargo, es capaz de vida. Alguien, que sin ser *causa sui*, es capaz de pensar y de amar por sí mismo. Somos *testigos del acontecimiento de la creación*. Testigos por sentirnos venidos a la vida; testigos por ver a otros venir o haber venido; y testigos por ser capaces de amar y de pensar. Los infinitivos de la vida también crean vida. Aun sin ser origen absoluto, somos inicio, génesis y generosidad.

Ni del hecho de haber venido a la vida ni del hecho de ser capaces de vida hay explicación causal. No hay explicación. En este sentido, ya Kant sostiene que resulta insuficiente la categoría de causalidad y que hay que recurrir al concepto de creación.[10] La causalidad es categoría del conocimiento mientras que la creación es concepto del pensamiento. El concepto límite de creación se hace imprescindible porque la causalidad no puede explicar de ninguna manera *alguien capaz de vida*. Por el acontecimiento de la creación, alguien capaz de vida viene a la vida; un quien capaz de amar y de pensar viene a la vida; un quien capaz de generar y de ser generoso. La esperanza se funda en la creación. Y la esperanza incluye la verdad porque la verdad también espera.

Se suele decir que todo lo que vive muere. Ahora, algo más rigurosamente, escribiríamos: sólo quien es capaz de vida, muere. La muerte forma parte del misterio de la vida. El misterio de la vida no es la muerte sino la vida. Hemos empezado a vivir, a amar y a pensar. La muerte es la amenaza sobre la continuidad del ser capaz de vida. La paradoja es que este final, siendo absurdo, también es lo que da sentido a nuestra breve vida. Sin embargo, hay algo en el ser capaz de vida—pasión del amor y del pensamiento—que no casa con la muerte. La pasión del pensamiento y del amor

---

[10] Immanuel Kant, *La metafísica de las costumbres* (§ 281), trad. Adela Cortina y Jesús Conill, Madrid, Tecnos, 1989, p. 102, nota.

es una frase con inicio pero sin final, como un único verso interminable. Una frase donde toda palabra viva es penúltima. Eso sí: frase con letras minúsculas. Somos muy poco: «¡pobres de nosotros!». Y, sin embargo, ¡capaces de vida! He aquí la dignidad.

El pensamiento es tan fuerte como la muerte no sólo porque—como se ha dicho desde Platón—es capaz de pensarla (y, por tanto, englobarla), sino porque—tal como se ha subrayado aquí reiteradas veces—es la pasión que dobla la vitalidad. La pasión del pensamiento y del amor dobla la vida y la proyecta hacia el mañana en la penultimidad. Amor y pensamiento generan, y toda generación anhela futuro. ¿Es todo esto sólo voluntarismo literario? No lo parece. No hay nada más vivo que el pensamiento y el amor. Nada más vivo. Nada más verdadero.

Si la verdad es lo que se muestra y se siente con más fuerza, más *vivamente*, entonces la verdad es la verdad de la vida, y del amor y del pensamiento que intensifican la vida. Se ha dicho: sólo un alma conmovida es capaz de verdad. Hay que añadir: el alma conmovida ya forma parte de la verdad. La verdad es la verdad del ser capaz de vida. Esta verdad que se revela determina la falsedad: todo lo que daña la vida; todo lo que la degenera; todo lo que la niega; todo lo que la debilita. Todo lo que en lugar de dar, quita; que no genera nada sino que lo degenera todo: indiferencia, insensibilidad, abstracción.

Desde el momento de la revelación de la verdad—desde siempre, pues—el pensamiento es, al mismo tiempo que acogida, un diálogo con uno mismo para evitar hacer daño y degenerar. El diálogo es sobre todo revisión, examen, crítica de uno mismo. Un diálogo que predispone a la mejor de las obediencias. La obediencia a la verdad de la vida es la libertad más alta. La espontánea obediencia a la verdad de la vida no se expresa como un apego ni como un anclaje en el lugar: se expresa como bondad, como generosidad.

Paradójicamente, ser capaz de vida es *desvivirse*. No hay prueba mejor de que nada se aleja más del ser capaz de vida que el hecho de aislarse o cerrarse. Desvivirse no conduce a mermar la vida sino a aumentarla. Desvivirse en la pasión del pensamiento y del amor. Ambas pasiones son placenteras y difusivas; anhelan amparar y compartir la vida. Pensamiento y bondad no buscan el dominio y, justamente, al retirarse del dominio, generan. Por ello la generación del pensamiento tiene que ver con la humildad y la retirada; con dejar espacio, al no querer abarcarlo todo, ni decirlo todo, ni comérselo todo. En la retirada, algo adviene, y esto genera. En la retirada, llega la cigüeña con el concepto envuelto en el viejo pañuelo de hacer fardos.

Aquí, en las afueras, alguien—pues sólo alguien puede tener aquí—.

Aquí, en las afueras, quien piensa y ama, vive. En las afueras, hay zonas muy áridas, donde casi nunca llueve. Cuando lo hace, cada gota da paso a un brote de hierba. Cuando una gota cae en las afueras, en el desierto, da vida, hace nacer y es generadora. Quien va al desierto, no es un desertor, nada tiene de avaro, y genera la comunidad que vive.

Aquí, en las afueras, quien piensa y ama, vive. Vive más que nada más.

Aquí, en las afueras, acurrucados sobre lo que amamos, generamos, pero también esperamos. No un paraíso perdido, ni una verdad impersonal—que dejaría de ser verdad—, sino algún tipo de ternura, de calidez, de abrazo.

ESTA REIMPRESIÓN, TERCERA, DE «LA
PENÚLTIMA BONDAD», DE JOSEP MARIA ESQUIROL,
SE TERMINÓ DE IMPRIMIR EN
CAPELLADES EN EL
MES DE ABRIL
DEL AÑO
2023

Colección El Acantilado
Últimos títulos

346. MARÍA BELMONTE *Los senderos del mar. Un viaje a pie*
     (6 ediciones)
347. CHRISTIAN INGRAO *Creer y destruir. Los intelectuales en la máquina de guerra de las SS* (3 ediciones)
348. ANDRÉ SALMON *La apasionada vida de Modigliani*
349. DANILO KIŠ *Homo poeticus. Ensayos y entrevistas*
350. VASILI RÓZANOV *El apocalipsis de nuestro tiempo*
351. NICOLE LORAUX *Los hijos de Atenea. Ideas atenienses sobre la ciudadanía y la división de sexos*
352. JUAN ANTONIO MASOLIVER RÓDENAS *La negación de la luz*
353. ADAM ZAGAJEWSKI *Asimetría*
354. G. K. CHESTERTON *Ensayos escogidos. Seleccionados por W. H. Auden* (2 ediciones)
355. GIUSEPPE TOMASI DI LAMPEDUSA *Viaje por Europa. Correspondencia (1925-1930)*
356. NUCCIO ORDINE *Clásicos para la vida. Una pequeña biblioteca ideal* (8 ediciones)
357. JAN SWAFFORD *Beethoven. Tormento y triunfo* (4 ediciones)
358. LAURA J. SNYDER *El ojo del observador. Johannes Vermeer, Antoni van Leeuwenhoek y la reinvención de la mirada* (2 ediciones)
359. CHARLES ROSEN *Las fronteras del significado. Tres charlas sobre música*
360. RAFAEL MONEO *La vida de los edificios. La mezquita de Córdoba, la lonja de Sevilla y un carmen en Granada* (4 ediciones)
361. FRANCISCO DE HOLANDA *Diálogos de Roma*
362. YANNIS RITSOS *Agamenón*
363. JOSEP MARIA ESQUIROL *La penúltima bondad. Ensayo sobre la vida humana* (4 ediciones)
364. BERNARD SÈVE *El instrumento musical. Un estudio filosófico*

365. MARCUS DU SAUTOY *Lo que no podemos saber. Exploraciones en la frontera del conocimiento* (3 ediciones)
366. FRIEDRICH SCHILLER *Cartas sobre la educación estética de la humanidad* (3 ediciones)
367. MARIO PRAZ *El pacto con la serpiente. Paralipómenos de «la carne, la muerte y el diablo en la literatura romántica»*
368. DANIEL BARENBOIM & PATRICE CHÉREAU *Diálogos sobre música y teatro: «Tristán e Isolda»*
369. JACK TURNER *Las especias. Historia de una tentación* (5 ediciones)
370. PEDRO OLALLA *De senectute politica. Carta sin respuesta a Cicerón* (2 ediciones)
371. MAURICIO WIESENTHAL *La hispanibundia. Retrato español de familia* (3 ediciones)
372. NICOLA CHIAROMONTE *La paradoja de la historia. Cinco lecturas sobre el progreso: de Stendhal a Pasternak*
373. ALBERTO SAVINIO *Maupassant y «el otro»*
374. CHRISTOPH WOLFF *Mozart en el umbral de su plenitud. Al servicio del emperador (1788-1791)*
375. ZBIGNIEW HERBERT *El rey de las hormigas. Mitología personal*
376. STEFAN ZWEIG & FRIDERIKE ZWEIG *Correspondencia (1912-1942)*
377. TEJU COLE *Cosas conocidas y extrañas. Ensayos*
378. DORIAN ASTOR *Nietzsche. La zozobra del presente*
379. DANTE ALIGHIERI *Comedia* (6 ediciones)
380. PAOLO ZELLINI *Número y «logos»*
381. BRUNO MONSAINGEON *«Mademoiselle». Conversaciones con Nadia Boulanger* (3 ediciones)
382. LUCIANO BERIO *Un recuerdo al futuro*
383. ISABELLE MONS *Lou Andreas-Salomé. Una mujer libre*
384. MARQUÉS DE CUSTINE *Cartas de Rusia*
385. IAN BOSTRIDGE *«Viaje de invierno» de Schubert. Anatomía de una obsesión* (2 ediciones)
386. HANS OST *Rubens y Monteverdi en Mantua. Sobre el «Consejo de los dioses» del castillo de Praga*

387. MARC FUMAROLI *La extraordinaria difusión del arte de la prudencia en Europa. El «Oráculo manual» de Baltasar Gracián entre los siglos XVII y XX*
388. ANNA BEER *Armonías y suaves cantos. Las mujeres olvidadas de la música clásica* (2 ediciones)
389. FLORENCE DELAY *Alta costura*
390. ALAIN CORBIN *Historia del silencio. Del Renacimiento a nuestros días* (5 ediciones)
391. HUGH MACDONALD *Música en 1853. La biografía de un año*
392. FRANK DIKÖTTER *La tragedia de la liberación. Una historia de la revolución china (1945-1957)*
393. ADAM ZAGAJEWSKI *Una leve exageración*
394. JUAN ANTONIO MASOLIVER RÓDENAS *Desde mi celda. Memorias*
395. LEV TOLSTÓI *El camino de la vida* (3 ediciones)
396. OSCAR TUSQUETS *Pasando a limpio* (2 ediciones)
397. ROGER SCRUTON *El anillo de la verdad. La sabiduría de «El anillo del Nibelungo», de Richard Wagner*
398. IVO ANDRIĆ *Goya*
399. BERND BRUNNER *Cuando los inviernos eran inviernos. Historia de una estación* (2 ediciones)
400. JOSÉ MARÍA MICÓ *Primeras voluntades*
401. JOSEPH ROTH *Años de hotel. Postales de la Europa de entreguerras* (3 ediciones)
402. SIMON LEYS *Sombras chinescas*
403. UMBERTO PASTI *Perdido en el paraíso*
404. ISRAEL YEHOSHUA SINGER *De un mundo que ya no está*
405. STEFAN ZWEIG *Encuentros con libros* (5 ediciones)
406. MAURICIO WIESENTHAL *Orient-Express. El tren de Europa* (6 ediciones)
407. VÍCTOR GÓMEZ PIN *El honor de los filósofos* (3 ediciones)
408. MARCUS DU SAUTOY *Programados para crear. Cómo está aprendiendo a escribir, pintar y pensar la inteligencia artificial*
409. RAMÓN ANDRÉS *Filosofía y consuelo de la música* (4 ediciones)
410. ANTOINE COMPAGNON *La segunda mano o el trabajo de la cita*

411. RAFAEL ARGULLOL *Las pasiones según Rafael Argullol. Conversaciones con Fèlix Riera*
412. MICHEL DE MONTAIGNE *Diario del viaje a Italia. Por Suiza y Alemania (1580-1581)*
413. STEFAN ZWEIG *Jeremías. Poema dramático en nueve cuadros*
414. STEPHEN WALSH *Debussy: un pintor de sonidos*
415. *«The Paris Review». Entrevistas (1953-2012)* (3 ediciones)
416. IMRE KERTÉSZ *El espectador. Apuntes (1991-2001)*
417. MARÍA BELMONTE *En tierra de Dioniso. Vagabundeos por el norte de Grecia* (4 ediciones)
418. JOSEP MARIA ESQUIROL *Humano, más humano. Una antropología de la herida infinita* (3 ediciones)
419. MANUEL ARROYO-STEPHENS *Mexicana*
420. MANUEL DE SOLÀ-MORALES *Miradas sobre la ciudad*
421. REINER STACH *¿Éste es Kafka? 99 hallazgos*
422. LAURA J. SNYDER *El Club de los desayunos filosóficos. Cuatro notables amigos que transformaron la ciencia y cambiaron el mundo*
423. DONALD MITCHELL *El lenguaje de la música moderna*
424. YURI SLEZKINE *La casa eterna. Saga de la Revolución rusa* (3 ediciones)
425. STEFAN ZWEIG *Diarios* (3 ediciones)
426. MONIKA SZNAJDERMAN *Los falsificadores de pimienta. Una historia familiar*
427. ALESSANDRO BARBERO *Dante* (2 ediciones)
428. MAURICIO WIESENTHAL *El derecho a disentir* (3 ediciones)
429. STEFAN ZWEIG *Biografías*
430. YANNIS RITSOS *Helena*
431. JUAN ANTONIO MASOLIVER RÓDENAS *La plenitud del vacío*
432. FRANCISCO RICO *Una larga lealtad*
433. JESÚS DEL CAMPO *Panfleto de Kronborg*
434. ANTONIO MONEGAL *Como el aire que respiramos*
435. ARTHUR SCHOPENHAUER *Correspondencia escogida (1799-1860)*
436. PEDRO OLALLA *Palabras del Egeo. El mar, la lengua griega y los albores de la civilización* (4 ediciones)

437. MANUEL ASTUR *La aurora cuando surge* (2 ediciones)
438. ANTOINE COMPAGNON *Baudelaire, el irreductible*
439. ISABEL SOLER *Magallanes & Co.* (2 ediciones)
440. NUCCIO ORDINE *Tres coronas para un rey. La empresa de Enrique III y sus misterios*
441. DONALD FRANCIS TOVEY *Beethoven*
442. RICHARD STRAUSS & STEFAN ZWEIG *Correspondencia (1931-1935)*
443. MARÍA STEPÁNOVA *En memoria de la memoria* (2 ediciones)
444. ELISENDA JULIBERT *Hombres fatales. Metamorfosis del deseo masculino en la literatura y el cine* (2 ediciones)
445. BERTA ARES YÁÑEZ *«La leyenda del santo bebedor», legado y testamento de Joseph Roth*
446. NUCCIO ORDINE *Los hombres no son islas. Los clásicos nos ayudan a vivir* (3 ediciones)
447. MANEL OLLÉ *Islas de plata, imperios de seda. Juncos y galeones en los Mares del Sur* (2 ediciones)
448. MARCEL PROUST *Cartas escogidas (1888-1922)* (2 ediciones)
449. RAMÓN ANDRÉS *La bóveda y las voces. Por el camino de Josquin*
450. CHARLES BAUDELAIRE *Escritos sobre arte, literatura y música (1845-1866)*
451. THOMAS SPARR *Grunewald en Oriente. La Jerusalén germanojudía*
452. YURI ANDRUJOVICH *Pequeña enciclopedia de lugares íntimos. Breviario personal de geopoética y cosmopolítica*
453. STEFAN ZWEIG *Tres poetas de sus vidas. Casanova, Stendhal, Tolstói*
454. KARL SCHLÖGEL *Ucrania, encrucijada de culturas. Historia de ocho ciudades*
455. ADAM ZAGAJEWSKI *Verdadera vida*
456. HELENA ATTLEE *El violín de Lev. Una aventura italiana*
457. JOHN GAGE *Color y significado. Arte, ciencia y simbología*
458. MARCUS DU SAUTOY *Para pensar mejor. El arte del atajo*